厚德博學
經濟匡時

本书系华侨大学科研启动项目"视听新媒体政府规制机构研究"(项目编号:15SKBS108)的研究成果

匡时·青年学者文库

青年学者文库

视听新媒体
政府规制研究

张 璠 ◎ 著

Government Regulation Research on
New Audio-Visual Media

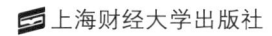

上海财经大学出版社

图书在版编目(CIP)数据

视听新媒体政府规制研究/张璠著 . —上海:上海财经大学出版社,2020.7

(匡时·青年学者文库)

ISBN 978-7-5642-3486-7/F·3486

Ⅰ.①视⋯　Ⅱ.①张⋯　Ⅲ.①视听传播-政府管制-研究　Ⅳ.①G206.2

中国版本图书馆 CIP 数据核字(2020)第 037328 号

□ 策划编辑　台啸天
□ 责任编辑　杨　闯
□ 封面设计　张克瑶
□ 版式设计　贺加贝

视听新媒体政府规制研究

张　璠　著

上海财经大学出版社出版发行
(上海市中山北一路 369 号　邮编 200083)
网　　址:http://www.sufep.com
电子邮箱:webmaster@sufep.com
全国新华书店经销
江苏凤凰数码印务有限公司印刷装订
2020 年 7 月第 1 版　2020 年 7 月第 1 次印刷

710mm×1000mm　1/16　12 印张(插页:2)　217 千字
定价:58.00 元

目 录

绪　论/001
　　第一节　研究缘起/001
　　第二节　研究文献/004
　　第三节　研究方法及框架/014

第一章　视听新媒体政府规制理论概述/017
　　第一节　视听新媒体理论概述/017
　　第二节　政府规制理论概述/026

第二章　视听新媒体政府规制机构研究/034
　　第一节　我国视听新媒体政府规制机构构成/034
　　第二节　视听新媒体政府规制机构的职能体现/041
　　第三节　解决问题：我国政府正在尝试进行的努力/045
　　第四节　对我国视听新媒体政府规制机构改革的几点
　　　　　　思考/048

第三章 视听新媒体政府规制对象研究/061
　　第一节　市场发展与政府规制的矛盾日益凸显/061
　　第二节　市场失灵与政府规制的正当性和合理性/081
　　第三节　关键：正确处理好"政府"与"市场"的关系/089
　　第四节　视听新媒体产业发展给政府规制带来的
　　　　　　新希望/095

第四章　视听新媒体政府规制内容研究/100
　第一节　内容规制：产品、企业和产业三大层面的思考/100
　第二节　广告规制：面临多重挑战/116
　第三节　市场规制：交叉准入和资本准入是关键/122
　第四节　技术规制：鼓励发展与利用新技术规制二元驱动/126

第五章　视听新媒体政府规制的目标研究/131
　第一节　四大假说对政府规制目标的深层次解读/131
　第二节　中国特色背景下的政府规制目标解析/134
　第三节　关于政府规制目标的评价：效率与多样性/137
　第四节　视听新媒体政府规制目标与改革/138

结　语/145

参考文献/158

附录一：国外视听新媒体规制机构情况/166

附录二：国务院与视听新媒体相关政策/183

附录三：视听新媒体内容规制相关规章制度/187

后记/189

绪　论

第一节　研究缘起

视听新媒体是数字技术革命和媒体变革大趋势中的产物,它将人们带入到了一个新的视听环境当中。近几年来,多种视听新媒体形式层出不穷,视听新媒体在市场和社会中的影响力不断增强。

首先,视听新媒体的用户规模不断增加。数据显示:截至2018年6月,我国网络视频用户规模为6.09亿,占网民总数的76%,较2017年底增加3 014万,半年增长率为5.2%;手机视频用户达5.78亿,占手机网民的73.4%,较2017年底增长2 929万,半年增长率为5.3%[1]。另外,从2008年至今十年相关数据显示,网络视频用户规模呈现稳定增长趋势,而手机视频用户特别是2013年以后程序快速增长模式,随着5G甚至6G技术的不断发展,手机端使用音视频的用户体验会更流畅,用户有不断向手机端集中的趋势。除了网络视频之外,根据前瞻产业研究院的监测,2018年IPTV用户数量和收视份额继续保持增长。其中2018年第三季度IPTV用户净增733万户,环比增长5.15%,用户总量突破1.5亿户,收视渗透率达到了33.56%[2]。奥维互娱《2019年中国OTT发展预测报告》数据显示:截至2018年底,有52%的中国家庭通过OTT设备观

---

[1] 数据来源:中国网络视听节目服务协会《2018网络视听发展研究报告》,http://www.cnsa.cn/index.php/industry/industry_week.html.

[2] 数据来源:前瞻产业研究院,https://www.qianzhan.com/analyst/detail/220/190201-5dbbf935.html.

看电视节目,覆盖用户数超过 6 亿人。上述数据可以看出,自我国 IPTV 和 OTT 领域相关政策破冰以来,用户规模发展迅速,随着互联网的进一步发展和用户媒体接触习惯的改变,相关领域用户规模的发展仍将持续。

其次,视听新媒体的市场规模不断增大。数据显示,在线视频市场规模从 2014 年的近 248.8 亿元一路飙升,到 2017 年达到 952.3 亿元,四年时间翻了近四倍[1],预计未来随着用户规模扩大,用户使用黏性增加,在线视频带来的商业资源不断升值,预计到 2018 年将成为千亿级市场,相应的广告市场规模也有望超过 600 亿元[2]。在线视频市场中,新形式的垂直市场也不断涌现,2016 年作为短视频发展的元年,距今短短两年多的时间,短视频用户数已经从 1.53 亿上升至 2018 年的 3.53 亿,2017 年我国短视频市场规模达到 53.8 亿元,预计 2019 年将突破 200 亿元[3],并且随着 5G 技术的商用,短视频行业发展前景广阔,也引起了广告主的广泛关注。

再次,视听新媒体的盈利模式不断拓展。盈利模式是视听新媒体组织在经营过程中确立起来的以盈利为目的的商务结构和业务结构,重点涉及收入、成本和利润。在传统媒体时代,广告是媒体盈利的主要构成,而视听新媒体打破了广告垄断的局面,盈利模式不断走向多元。网络视频发展的早期,盈利模式同传统媒体一样,也是以广告为主。随着技术、市场和消费者结构等环境的变化,广告在其中所占的比重不断下降,目前网络视频行业盈利方式比较多,主要有广告、内容付费、版权分销、网络直播、虚拟收入、数据收入等。值得关注的是内容付费方面的进步,中国网络视听节目服务协会数据显示 2017 年内容付费占比达到了 24.8%,未来预期会更高,基本处于逐年上升的状态。爱奇艺 2019 年第一季度财报显示:爱奇艺的订阅会员规模达到 9 680 万,98.6% 为付费会员,订阅会

---

[1] 数据来源:中国网络视听节目服务协会《2018 网络视听发展研究报告》,http://www.cnsa.cn/index.php/industry/industry_week.html.

[2] 数据来源:中国产业信息网,http://www.chyxx.com/industry/201712/593976.html.

[3] 数据来源:中商产业研究院,https://baijiahao.baidu.com/s?id=1622737648218252588&wfr=spider&for=pc.

员规模同比增长58%。爱奇艺第一季度会员服务收入为34亿元人民币（约合5.134亿美元），较2018年同期增长64%；在线广告营业收入为21亿元人民币（约合3.158亿美元），与去年同期持平①。此数据更加印证了内容付费的快速发展，也让视听新媒体盈利体系更加健康。

最后，视听新媒体社会影响力不断增强。在媒介融合的大背景和大趋势下，视听新媒体逐渐由边缘向中心靠拢。视听新媒体赋予了每一个普通人更多地信息表达权和舆论监督权，极大地增加了信息量的同时，也使得视听新媒体与社会经济、政治、文化的发展关系更加密切，扩大了社会影响力；同时，视听新媒体打破了传统的地域限制，直接面向全球传播，扩大了地域层面的影响范围；视听新媒体互动特征不断增强，新的技术层出不穷，如直播、短视频等形式，可以在短时间内将内容更快地呈现，缩短了影响时间，提升了影响效率。

与此同时，另外一个问题引起了世界范围内的关注：作为新生事物，视听新媒体商业属性特征相较于传统视听媒体更为明显，产业链纵向延伸的同时又出现了横向联合，如此复杂的市场竞争环境使得政府对传统媒体进行规制的体系必将面临挑战，从市场角度来讲，迫切需要解放生产关系，释放生产力；从媒体与用户的关系来看，用户权力不断增加，如何引导用户，保证海量信息内容的可管、可控，也是视听新媒体对政府规制提出的新议题。这就出现了一对矛盾：视听新媒体政府规制到底要如何进行改革，才能在促进生产力发展的同时，保证内容的安全与创新。

对于上述问题的解决在于对视听新媒体进行必要的规制，世界各国对此已达成基本的共识。普遍来看，在媒介融合的大背景下，视听新媒体政府规制的改革集中于两大领域：一是政府规制机构的改革，围绕政府与规制机构的独立性和对广电与电信是否统一规制问题，不同国家依据国情对政府规制机构做出了不同程度的改革；二是规制内容的改革，内容规制、广告规制、市场规制和技术规制每个领域既有加强规制也有放松规

---

① 数据来源：爱奇艺财报，https://baijiahao.baidu.com/s? id=1633743671517026893&wfr=spider&for=pc。

制,两种规制方式出现交叉,由此可见,视听新媒体政府规制更加复杂化,规制内容日趋规范化和细致化。

在借鉴国外经验的基础上,本书研究重点围绕视听新媒体的规制机构、规制对象、规制内容、规制目标展开论述,最后以规制机构、规制对象、规制内容、规制目标之间的关系做结束,提出我国视听新媒体的政府规制要从系统论出发,在动态的博弈过程中,寻找视听新媒体政府规制的均衡发展。

第二节 研究文献

一、视听新媒体政府规制研究文献的三个层面

根据视听新媒体在传媒业所处从属地位,本书研究参考文献主要来源于三个层面。

一是关于媒体政府规制的研究。媒体政府规制是指规制主体对各类传媒机构的活动进行调节控制、监督和管理的行为,当然也包括视听新媒体传媒机构。同时,传媒行业政府规制研究历史较为深厚,角度多元,研究成果较为丰富,对视听新媒体的研究具有指导意义。其中,一些由传统媒体衍生出的新媒体形态,如数字电视、卫星电视等,广电总局对这些视听新媒体如何规制的研究也非常重视。

二是关于新媒体政府规制研究。新媒体政府规制研究从属于传媒业政府规制研究,但是又是与视听新媒体最为接近的种群。随着数字技术的发展,新媒体崛起,对传统媒体规制提出了挑战。以"新媒体管理"为主题的研究展开,其中大部分集中于互联网特别是移动互联网,围绕个人隐私、网络道德、互联网内容规制等方面。

三是关于视听新媒体政府规制研究。这也是本书研究的核心命题。随着视听新媒体内涵和外延的不断变化,关于视听新媒体政府规制研究分散在IPTV、手机电视、网络视频等著作和论文中。本书对相关文献进

行了分类整理,为本书的写作完成提供了丰富的精神供给。

综上,对于视听新媒体政府规制机构的研究文献整理,本书遵从宏观到具体的研究脉络,既把视听新媒体作为媒体和新媒体中一分子看待,又将其独立开来作为整体进行研究。

二、关于媒体政府规制的研究

关于媒体政府规制的研究,与本研究相关的文献在新媒体出现之后。这一时期政府传媒规制的研究主要有两大特色:一是对政府如何进行传媒规制问题的延续,提出了放松政府规制,并加强内容规制等多种形式。Paul Seabright 的《广播电视市场的经济性规制》指出:随着数字化的到来,内容权力取代传输瓶颈成为市场权力的来源,源自内容的控制问题比源自稀缺传输的控制问题更为冲突。随着新媒体的不断发展,国外学者纷纷把研究焦点集中在了媒介融合带来的新的媒体形态对政府规制的挑战上。随着数字技术的不断发展,媒体形式的不断增多,人们发表意见的渠道也在不断增加。英国媒介法专家马克·史蒂芬斯在《媒体管制——观点的自由市场?》中认为,监管者不可能有效地检查互联网、社交媒体或短信。认为这种做法是"像推水上山"——无望和无效的任务。那么对于新媒体带来的难题,应如何解决呢?马克·史蒂芬斯提出了一种说法,可以使英国成为一个开放的无规制的社会:所有公民都有途径通过思想的自由市场获得真实和诚实的信息,一个根除腐败的社会或不太可能根除腐败、害怕去发现腐败的社会[①]。似乎,学者们又将问题的研究回归最初的起点,即问题的实质——对新媒体时期的言论自由的探讨。

在我国,改革开放以前,由于特殊的政治环境和经济环境,媒体属于国有事业单位,媒体是党和人民的喉舌,党管媒体。此时,媒体成为政府行政权力的延伸,是国家的宣传机器。后来,改革开放为媒体转型提供了新契机。吕尚彬、陈薇姿《中国政府与传媒的双向互动关系初探》(2012)

---

① [英]马克·史蒂芬斯.媒体规制——观点的自由市场?[M]北京:清华大学出版社,2012.

一文中指出社会治理理念的转型:从"以国为本"到"以人为本"、"政府角色的转型:从控制型政府到服务型政府、传媒社会角色的转型、网络传媒的崛起"四个方面来阐述我国政府与媒体关系的变化。

随着政府与媒体关系的不断变化和挑战,我国传媒产业发展加速,对媒体政府规制的研究成果也日渐丰富。一方面,出现了系列研究中外传媒规制的书籍。辜晓进的《美国传媒体制》(2006)一书,对美国传媒规制研究比较透彻。作者凭借其法学背景,对美国媒体规制,尤其是对法律方面,进行了比较清晰的梳理,对广电宏观控制进行了总结:两部大法把握产业方向、一个机构形成执法体系、五大方面决定广播内容、七大阵营影响电视运作。同时,对广电产业管理规则,分别进行了所有权规则、许可证规则、应急规则、节目控制规则、广告控制规则和FCC处罚规则的解读,非常详细和具体,具有借鉴意义。同时,《英国传媒体制》(唐亚明、王凌洁,2007)、《日本传媒体制创新》(龙一春,2006)、《俄罗斯传媒体制创新》(吴菲、胡逢瑛,2008)、《韩国传媒体制创新》(郎劲松,2006)、《中国报业传媒体制创新》(张殿元,2007)、《中国广电传媒体制创新》(刘成付,2007)、《中国出版业传媒体制创新》(博玫,2009)、《中国互联网管理与体制创新》(钟瑛、刘瑛,2006)、《中国传媒制度绩效研究》(丁和根,2007)一起,构成了中外传媒体制创新丛书的组成部分,为笔者了解国内外传媒体制提供了翔实的资料。尤其是国内传媒体制的研究,伴随着我国传媒体制的改革,因为涉及政策这一敏感话题,显得尤为珍贵。此外,还出现了较为宏观关注国家传媒制度的书籍,《当代西方传媒制度》(郑涵,2007)对主要国家的传媒法规和行政管理进行了深入的剖析,比较全面地展现了西方传媒制度的发展变迁。国家广播电视总局发展研究中心课题组在《发达国家广播影视管理体制和管理手段研究》(2007)一书中,对美国、英国、日本、德国、法国、欧盟、加拿大、澳大利亚、韩国、新加坡、俄罗斯等国家或地区的广播电视管理体制和管理手段分别进行了阐述,并对此进行总结,对实践非常具有现实的指导意义。随着新媒体的出现,使得原有传统规制颇受挑战,学者将研究重点开始集中在产业链上的某一环节,如

《西方传媒内容监管机制的历史考察》(黄春平,2012),有利于为数字时代传媒的内容监管提供历史借鉴。

另一方面,一批学术论文以此为核心展开研究。关注传媒产业和政府关系的主要书籍有《主导·写作·博弈——当代媒介产业与政府关系》(刘洁,2006)、《中国传媒业运行的规制与规范》(屠正峰,2007)、《我国传媒产业政府管制的探索性研究》(常永新,2008)等,主要关注政府在传媒体制改革过程中的重要作用,以及政府如何在规制与放松规制之间不断调整,逐步完善规制政策,处理好政府和媒体的关系,为传媒行业的发展提供制度保障。《公共利益与广播电视规制》(夏倩芳,2004)、《广播电视产业之法律规制研究》(于斌,2007)、《电视服务的供给与政府监管》(高慧军,2007)等的研究则将视角集中于广播电视等传统视听媒体,建议对广播电视机构进行定性,在此基础上,重视政府规制的环境因素,加强政府规制体系。不过《当代欧美国家广电媒体管制正当性的消解与重建》(陈映、董天策,2016)一文提出了欧美国家过往那种基于技术特性和产业分立的差异化管制体系趋于崩溃,频谱资源本质上为何而存在开始成为欧美传媒管制的思考起点。《西方国家传媒治理中的替代性规制》(张文锋,2015)一文专注具体规制方式,研究了替代性规制的特点,指出传媒规制应该由法定规制和替代性规制构成,对于我国而言,强化法定规制,引入共同规制,优化自我规制可作为我国传媒治理体系建构的战略选择。

综上所述,国内外学者对媒体政府规制的研究资料比较丰富,国外以美国为代表的国家,媒体规制经验比较丰富,研究所体现出来的视角多元、管理手段细化等,都能为国内提供较好的借鉴。而国内对于媒体规制的研究起步较晚,较为系统深入的研究,以对国外政府媒体规制的研究居多,尤其是美国和欧盟,提出的观点颇具启发意义。而对于我国媒体政府规制的研究资料,集中于媒体体制改革,开启了传媒政策法规研究的新领域。不过从数量看,相对较少,对于中观、微观机制的研究更是比较匮乏。

三、关于新媒体政府规制研究

美国麻省理工学院教授尼古拉斯·尼葛洛庞帝早在1996年《数字化生存》一书中,就开宗明义地写道:"计算不再只和计算机有关,它决定我们的生存。"20世纪90年代中期的互联网,还是刚刚从实验室冲出来的时候,对于这样一种技术,经由尼古拉斯·尼葛洛庞帝的描述,给整个社会的人们带来了承诺和期望,事实证明这些正慢慢变为现实。随着互联网技术发展,不仅带动了计算机,而且还带动了电视、手机等一批媒体的新发展。随着数字技术和三网融合的不断推动,新媒体产业迅速发展,给传统媒体的政府规制带来了极大挑战。三网融合作为未来媒体发展的趋势、国家政策的重要组成部分和重要影响变量,受到大批学者的关注。最具代表性的是王菲的《媒介大融合》(2007),提出了融合形态中组织融合、生产融合、管理融合、交易融合、产品融合、竞争融合、市场融合的融合规律,构架出了一个较为系统和完整的关于媒介融合的基础性研究框架,能够从多种角度给实际操作者以指导和启发。随着新媒体技术的不断发展,媒介融合带给人们生活更多的便利和自由,然而同时也带来很多问题,很多学者开始关注规制模式的具体方式,如提出在借鉴国外新媒体规制模式的基础上,从市场、技术、法律和道德四个维度来剖析我国规制新媒体的路径(杨丽莉,2014)。

在三网融合大背景下,国外学者最先关注到三网融合对新媒体规制的影响,如 Petros Iosifidis 在《数字融合对欧洲规制的挑战》(2002)中为欧盟未来政策的制定指明了方向:一是简化规制框架;二是内容和基础设施规制分离;三是加强市场竞争。我国学者也比较早地关注到了这方面的问题,周振华在《信息化与产业融合》(2003)中指出了产业融合给政府规制带来的挑战,广播电视、电信、出版行业融合后使得原有规制失效,迫切需要建立新的规制体系,研究重点应集中于市场秩序的维护。此外《网络融合与广电监管体制》(马俊,2005)、《英国三网融合的体制与政策及对中国的启示》(朱金周)、《新媒体监管要创新》(吴辉)等从不同角度开始研究"网络融合与政府规制"的关系。张昕竹、马源和冯永晟利用国际电信联盟的规制机构问卷调查数据,采用实证研究的方法,在《电信与广电是分业规制还是融合规制》(2011)得出的结论是:中国应该选择融合型规制机构,以适应三网融合的规制要求。《我国三网融合管制政策演进路径探析》(严奇春、和金生,2012)将产业融合理论和我国实际相结合,提出分业监管、分段监管和融合监管三阶段演进的管制政策建议。《基于"三网融合"背景的我国电信及广电管制政策研究》(刘澄、顾强、郑世林,2012)提出三网融合的核心是市场主体的构建和管制。世界各国推进三网融合管制政策的基本路径包括:一是运行电信与有线电视业务的双向进入;二是承载与内容管制分离;三是电信与广电实现统一和独立监管。并提出我国管制对策:走三网融合先试点、再立法、后全国推广的规制改革路线;建立适应三网融合要求的电信和广电管制体制,把实现独立统一的综合管制机构作为长期目标;完善广电和电信业务双向进入的管制政策,形成适度竞争的网络产业格局;加强三网融合形势下的信息和文化安全管制。

同时,还有一部分重要的文献来源于对互联网、手机等新媒体规制的研究。互联网给予了人们更多自由的同时,也成为众多学者对其如何规制关注最多、争议最大的领域。Peng Hwa Ang 在《控制混乱:规制互联网》(2005)中提出建议,建立包括市场机制、社会标准、技术代码、政府立法在内的多重规制框架。Yu Lia 的《赛博空间的审查》(2005)强调互联网上表达自由的重要性,并具体分析了过滤技术、国家控制、ISP 内部审查等不同的内容规制方式对表达自由的影响。近几年,随着互联网在全球速度的扩张,技术的飞速发展导致市场准入门槛不断降低,对内容的需求不断提升,给传统政府媒体规制带来了巨大挑战,我国一些学者对此进行反思,出现了越来越多的著作和论文探讨互联网政府规制的问题。比较有代表性的是唐子才在《互联网规制理论与实践》(2008)中对于互联网的政府规制给出了具体的建议:明确互联网规制主体、降低市场准入限制、创建良性的竞争市场环境等,比较具有建设意义。

当手机媒体迅速普及之后,手机用户扮演着内容生产者和消费者的双重角色，改变了传统的传受关系，用户可以参与点对点、点对面、面对面的多重传播形式，进行信息的分享和交流。博客、即时通信等互联网业务在手机媒体平台上得到了充分利用，新的移动互联网信息平台正在形成。如同对互联网的管控一样，怎样解决手机媒体中可能存在虚拟社会与意识形态的变化，成为学者关注的话题。厦门大学申琦博士的论文《手机信息传播法律与管理问题研究》（2009）中指出，手机信息传播中的法律问题，应当从私法和公法两个维度进行研究。一些问题，如隐私权、著作权、财产权问题，由私法领域中平等主体之间的权利义务关系而产生，可依据民事法律进行调整。对于涉及不平等主体之间的权利义务关系，如国家安全、社会秩序问题和诉讼中的手机信息证据力问题，则需要国家公法中的刑法、行政法、诉讼法等进行规范。《手机新媒体概论》（李丹丹，2010）、《手机媒体概论》（匡文波，2012）等书籍中也有专门章节对手机媒体监管体制进行了研究。

四、关于视听新媒体政府规制研究

"视听新媒体"作为媒体融合的产物，整体媒介产业群出现并发展的时间不长，而且随着技术的变革，媒体形态仍在不断发生变化，加上政府规制研究比较敏感，所以最为直接相关的文献研究还比较少。

国外研究起步较早，学者继续关注三网融合为视听新媒体带来的影响，开始探讨以何种方式对视听新媒体进行规制比较适合。美国学者 Eli Noam 的《三重屏幕，一种规制》（2008）认为电视正在从传统平面移向电脑、手机新屏幕，对三重屏幕上的电视应实施统一监管。并提出了具体的建议：内容规制以电影模式为基础，大部分内容免于限制，同时建立内容分级制度、建立公共基金支持机制，促进高品质内容生产；渠道规制以电信模式为基础，对传播基础设施——宽带网络的接入施加普遍服务和网络中立的要求。Monica Arino 的《内容规制与新媒体：在线视频门户的案例研究》（2007）探讨在线视频门户所提供的视频是否属于电视服务，是否需要许可证，主张适度规制，避免规制者和被规制企业之间出现猫和老鼠的游戏。我国国内学者也多有关注国外视听新媒体的规制问题,尝试从国外视听新媒体的改革为我国视听新媒体的规制提供经验。《媒体融合背景下国外视听新媒体产业创新和政策创新研究》(吕岩梅等,2015)一文总结了美国、英国、韩国和日本等国家的视听新媒体发展和规制情况,在规制方面提出了完善政策、规范管理、公众参与等观点,较为宏观,鼓励扶持新兴媒体的快速健康发展。《欧盟视听新媒体产业创新对中国的启示》(彭锦,2014)则从理念、产业、法律、价值四个层面提出具体的规制方式,充分肯定了规制在视听新媒体领域的重要作用。《英国多样化的视听新媒体规制模式》(张文锋,2016)则介绍了三种规制模式:立法规制、共同规制与自我规制。指出英国点播视频采取共同规制,移动媒体自我规制,立法规制相对应用较少。通过对英国视听新媒体规制模式的介绍给国内相关领域规制模式的灵活性带来了有益启示。

国内对视听新媒体的研究成果逐渐丰富,主要分为两部分。

第一部分,研究对象为某一具体的视听新媒体形态,如周艳的《中国数字电视产业政策的形成研究》(2006),对数字电视产业政策进行了详细的梳理,并进行了分期论述。此外,黄升民等的《中国数字电视报告》(2004),黄升民、王兰柱等的《中国数字新媒体发展报告》(2006),李岚的《数字电视政策:促进传媒产业价值链转型》和《政策解读与趋势》、石长顺、方雪琴《手机电视:新收视时代媒介格局的重构》、王虎的《中国手机电视发展若干问题研究》、陈斯华的《IPTV产业价值链研究》等的出现,为笔者更好了解某一领域视听新媒体的政策提供了翔实的资料。这部分文献资料相对较多,主要来源于《媒介》《中国数字电视》《中国广播影视》《电视研究》《现代传播》《传媒》《中国广播电视学刊》等专业期刊,以及论文数据库、相关的互联网资料、专业论坛以及相关主管部门的网站等,虽然略显分散,但是为本次研究提供了大量的最为生动鲜活的信息。

第二部分,以"视听新媒体"为对象展开研究,虽然在具体称呼上多有出入,不过出现了很多重合和交叉,为本书文献的搜索、框架的搭建、内容的分析等提供了有益的借鉴。

黄炜的博士论文《构建中国广播电视新媒体政策体系研究》(2007)，提出了广播电视新媒体的概念，将具体研究对象设定为有线数字广播电视、卫星广播电视、手机电视、移动电视、IP电视、楼宇电视等。运用新制度主义和公共选择理论，对广播电视新媒体的发展和政策管理关系进行了梳理，初步提出了构建我国广播电视新媒体政策体系的设想。认为政策体系应当以传统媒介管理模式为基础，建立一套适合广播电视新媒体的特点的政策体系。研究视角较为宏观。

国家广播电视总局编著的《发达国家广播影视管理体制和管理手段研究》(2007)一书，通过对美国、英国、法国、德国、欧盟等国家对广播电视、通信、互联网的管理机构和法规的介绍和分析，总结了国外视听新媒体的管理经验：先发展后规范，加强内容规制，制定有利于视听新媒体发展的竞争政策。对于视听新媒体及其服务，各国都是按照"合理界定，区别对待"的原则来确定对策，一般来讲，通信机构承担对传输通道的规制，广电机构则承担对内容的规制。

赵子忠、赵敬主编的《对话：中国网络电视》(2011)，将网络电视分为两大阵营：广电网络电视和民营网络视频上下两篇，通过对各方力量"高层"的访谈，了解行业发展的进程。其中涉及对网络视频政府政策的看法和建议。得到的共识是：网络视频政府规制是行业健康发展、优化市场竞争环境的需要，同时网络视频社会影响力不断增大，需要政府引导，发挥网络媒体社会责任感。问题的焦点集中于版权问题、盗版问题、成本问题、市场进入（传统纸媒进入网络视频政策限制问题）等。迫切希望政府出台文件，对牌照范围等问题做出清晰全面的解释。同时指出，网络视频发展需要相对宽松的社会环境。包括政策支持、资源支持、人才支持等，希望政府规制能从这几个方面出发。

金冠军、郑涵的《上海传媒产业制度变迁》(2011)中，涉及了广播电视产业拓展和内容管理，其中上海文广的新媒体产业布局主要包括：手机电视、网络宽频、IPTV、数字付费电视、数字多媒体广播。这些产业发展的一个重要核心是内容管理。这里的内容管理主要指广电部门运用数字技术对内容分散状况的整合,建立内容数据库,实现内容效益最大化。从微观的角度出发,详细分析了广电传媒内容管理体制的建立模式。为政府对视听新媒体规制提供了最为基础的资料,同时鉴于我国"末端管理"的现状,也为研究提供了新的规制角度。

唐建英的《博弈与平衡:网络音视频服务的规制研究》(2011)一书,作者指出了网络音视频服务的两大问题:一是市场准入规制过严制约行业发展;二是内容规制标准模糊、方式单一,容易"一放就乱,一管就死"。运用规制经济学和传播学控制研究的理论,对网络音视频服务(IP电视、手机电视、网络视频、播客)规制的理论依据和规制的特殊性进行了分析,提出建立非对称、差异化的规制管理框架。

《中国视听新媒体发展报告》(2011)对视听新媒体进行了界定,主要关注IP电视、网络广播影视、手机电视、互联网电视、移动多媒体广播电视、公共视听载体等视听新媒体业务形态。其中总报告中涉及我国视听新媒体政策法规及管理一章,将视听新媒体相关政策法规分为三类:一是国家相关政策,主要涉及三网融合和产业政策;二是行政法规及部门规章,主要是信息产业部等部门颁发的一些引导视听节目服务健康发展的基本依据:《广播电视管理条例》《互联网视听节目服务管理规定》等;三是规范性文件,指近年来针对互联网等信息网络视听节目服务出现的新问题、新情况,及时出台的一批规范性文件,形成了对相关行政法规和部门规章的有益补充。同时也指出我国视听新媒体管理现状:建立行业准入、加强日常监管和综合治理、推进行业自律等手段。

张志的《数字时代的广播电视规制与媒介政策》(2012)一书对政府规制,从经济属性、法治属性、政治属性三个方面进行了全方位的解读,通过中西媒介政策和政府规制主体、客体、性质的对比,提出我国建立现代政府规制的必要性、目标和结构。全书论述涉及传播学、经济学、法学、政治学等多个学科领域,极具深度和逻辑性。其第八章中涉及媒介政策转型面临的新问题,特别提出融合型服务的规制问题,指出广电模式和通信模式的弊端,提出了媒介政策模块化的变化趋势。同时,附录"日本的综合信息媒介法制构想"一文,从信息媒介发展史写起,论述了对新型媒介内容和平台、传输设备的法律规制,为本书提供了良好的借鉴。

张伟等的《三网融合下的视听新媒体监管体系研究》一文从我国视听新媒体监管现状入手,分析了节目传播方面的问题以及三网融合后面临的监管挑战,参考国外规制经验,提出了构建三网融合下符合我国国情的视听新媒体监管体系的对策与建议。近几年,随着视听新媒体的不断发展,除了每年网络视听服务协会等提供的相关视听新媒体发展报告,《传统电视与视听新媒体价值链的融合与拓展》(漆亚林等,2014)、《中国视听新媒体产业发展相关分析》(张明遥,2016)等学者也对相关领域给予了关注,贡献出越来越多的新观点和新思路。

第三节 研究方法及框架

一、研究方法

本书集中探讨视听新媒体政府规制问题,属于新生事物和产业,仍然处于不断变化发展的过程中。在政府规制体系中,各方力量从各自利益角度出发,对政府规制的期许不同。在国外,各国也对视听新媒体"要不要规制""何时规制""怎么规制"等问题存在争议,还没有比较系统的视听新媒体政府规制经验。有的采取"先发展后规范",有的采取"边发展边规范",规制思路不尽相同。鉴于视听新媒体政府规制存在的极大不确定性,本书主要采用定性研究的方法,遵从社会科学的研究范式,通过对纷繁复杂的社会现象的阐释和推理来总结事物发展的一般原理。通过文献的收集、整理、分析、归纳,力求通过现象看本质,得到事物发展的一般性规律,以此为我国视听新媒体政府规制提供借鉴。

(一)文献研究法

在研究媒介的所有方法中,最常用的方法之一就是文献研究。文献研究需要获得原始文献并以此为研究基础或分析目标。本书以此种方法作为资料收集的主要方法,通过专业期刊网站、图书馆进行搜集、鉴别、整理相关书籍、论文、研究报告、文章、相关网站网页、视听媒体论坛等活动资料,领导人讲话资料、相关政策法规资料,并通过对这些文献的研究,形成对视听新媒体产业政府规制更加全面的认识,掌握相关最新资讯,并且了解前人研究成果,业界专家的真实声音,大大丰富了本书的研究内容。

同时,结合本书的主体架构,视听新媒体政府规制机构、规制对象、规制内容和规制目标,对所收集的资料进行整理归类,以方便研究时对关键性问题的梳理和解读,从而为研究结论的提出奠定扎实的基础。

(二)比较研究/经验借鉴法

比较研究/经验借鉴法贯穿本书的各个部分。如前文所述,视听新媒体是新生事物,虽然发展前景良好,但是在政府规制方面还比较欠缺。尤其是在我国视听新媒体产业与国外相比还有一定差距的情景下。因此,在本书的研究中,与国外视听新媒体政府规制的对比,与互联网、手机等新媒体政府规制的对比,甚至是与传统媒体政府规制的对比,显得尤为重要。当然,由于国内外政治、经济、法律、文化等环境的不同,在比较研究中,还要特别注意重合性与差异性的研究。即使在同样的环境背景下,不同媒体属性,如视听新媒体与传统媒体的不同,也会导致政府规制的方式方法不同。比较研究的目的是"求同存异",为视听新媒体产业政府规制研究提供有益的经验借鉴。

二、研究框架

本书以视听新媒体政府规制理论概述为切入点,在了解视听新媒体与政府规制理论的基础上,对我国视听新媒体政府规制的现状、问题进行了分析,对此进行了反思,并提出了建议。在分析的过程中,重点关注以下四个层面:政府规制机构、政府规制对象、政府规制内容、政府规制目标。最后结语部分是从整体角度出发,对我国视听新媒体政府规制创新进行系统的思考。具体研究框架如图0—1所示。

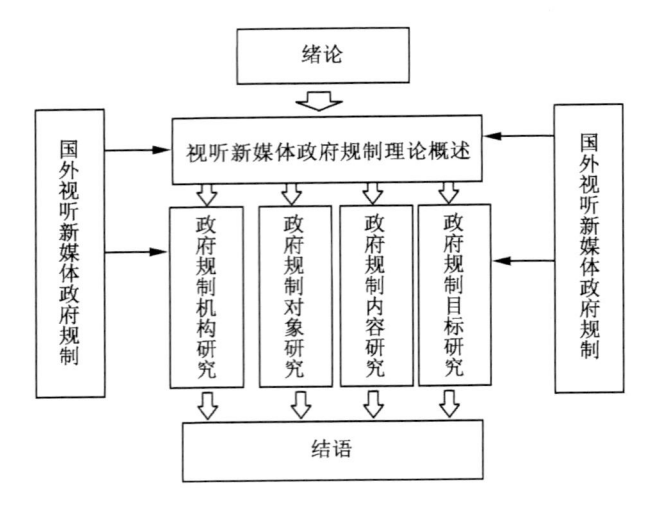

图 0-1　本书研究框架

第一章 视听新媒体政府规制理论概述

第一节 视听新媒体理论概述

一、视听新媒体概念界定

同新媒体概念一样,作为新媒体的重要组成部分,"视听新媒体"的概念同样还没有明确而权威的界定。视听新媒体源自英文"Audiovisual new media",是媒介融合的产物。近年来,随着新媒体技术的不断发展,很多新的媒体形态及服务不断丰富,使得视听新媒体成为研究的热点。

2004年颁布的《互联网等信息网络传播视听节目管理办法》对网络传播视听节目活动做了如下规定。本办法适用于以互联网协议(IP)作为主要技术形态,以计算机、电视机、手机等各类电子设备为接收终端,通过移动通信网、固定通信网、微波通信网、有线电视网、卫星或其他城域网、广域网、局域网等信息网络,从事开办、播放(含点播、转播、直播)、集成、传输、下载视听节目服务等活动。本办法所称视听节目(包括影视类音像制品),是指利用摄影机、摄像机、录音机和其他视音频摄制设备拍摄、录制的,由可连续运动的图像或可连续收听的声音组成的视音频节目[1]。2007年颁布的《互联网视听节目服务管理规定》称互联网视听节目服务,是指制作、编辑、集成并通过互联网向公众提供视音频节目,以及为他人提供上传传播视听节目服务的活动。前后对比来看,后者定义更为简练。

---

[1] 资料来源:互联网等信息网络传播视听节目管理办法,http://wenku.baidu.com/view/272ef980ec3a87c24028c42c.html。

随后,《2008年中国文化产业发展报告》,将"2007年我国视听新媒体发展概述"单独作为一个部分进行阐述。

在此基础之上,业界和学界开始了对"视听新媒体"概念的探讨。比较有代表性的观点如下:

2011年3月,由发展研究中心编撰的我国第一部《中国视听新媒体发展报告(2011)》出版,具有里程碑意义,将"视听新媒体"的概念问题提上了议程。该书认为,我国视听新媒体的主要形态包括:网络广播影视、IP电视、互联网电视、手机电视、公共视听载体、移动多媒体广播电视等。在此基础上,该书主编庞井君在《中国视听新媒体的发展现状与趋势》一文中指出,对于视听新媒体概念的界定,目前主要存在两种标准和方法:一是按技术的突破性变化来划分,把基于互联网的各种视听业务形态称为视听新媒体,包括网络广播影视、IP电视、互联网电视、手机电视等;二是按时间与空间的变化来划分,把近10年中出现的、在传播空间上发生重大变化的视听业务形态叫作视听新媒体。按照第二种界定方式,目前市场上的视听新媒体形态可分为两大类:一类是侧重发展互动功能的视听媒体,主要是基于互联网及移动通信网,包括网络广播影视、IP电视、手机电视、互联网电视等;另一类仍为单向传播方式,但加速了传播渠道的分化和传播空间(终端)的延伸,主要是指移动多媒体广播电视(CM-MB)和各种公共视听载体。当然,未来可能还会出现更丰富的新媒体业务形态[1]。

董年初认为,按互联网技术(IP网络协议)界定,把与网络媒体有关的一些视听业务形态叫作视听新媒体。因强调交互,广播方式的媒体形态都不包括在内,只包括IP电视、手机电视(基于移动通信网)、网络广播、网络电视、播客等[2]。

---

[1] 庞井君. 中国视听新媒体的发展现状与趋势,http://wenku.baidu.com/view/f361cc7702768e9951e73875.html.

[2] 资料来源:视听新媒体概述,http://sdxjw.dzwww.com/wszhc/xtfxgn/201103/t20110309_7045461.html.

中国传媒大学新媒体研究院院长赵子忠认为,当前主要的视听新媒体包括:数字电视、CMMB、手机电视、IPTV、互联网电视、网络电视台、网络视频。而视听新媒体产业主要包括三个部分:海量内容通过卫星网、电视台电台、互联网和有线网进行传输,最终达到多种终端进行消费。[①]

郭小平在《论视听新媒体传播的社会影响》中认为视听新媒体是网络、手机与传统广播电视媒体的融合,也是传统广播电视媒体在新技术变革下的延伸。2000年以来,随着手机电视、网络电视、IPTV兴起,楼宇电视、车载电视、户外视频等生活圈视频媒体的应用以及网络视频、网络电台、播客的兴盛,视听新媒体成为研究热点。视听新媒体与传统广电媒体存在共存、竞争与互补关系,体现了新媒体功能的补偿性发展特征。

《互联网视听节目服务业务分类目录》(2017年试行)针对的主要对象为利用公共互联网(含移动互联网)向计算机、手机用户提供视听节目服务[不含交互式网络电视(IPTV)、互联网电视、专网手机电视业务]。

综上所述,尽管不同学者从不同角度尝试给视听新媒体进行界定,然而,没有一个概念可以用来形容一切视听新媒体。选择上述某一个概念而排斥另一个概念,都将流于主观。考虑到数字融合的快速发展,本研究将从最广泛的角度来界定视听新媒体,即除了传统的广播电视之外的一切新形式的视听媒体都在本书的研究范围之内。具体包括数字电视、IP电视、网络广播、网络电视、互联网电视、手机电视、移动多媒体广播电视和公共视听载体(包括公交电视、店内电视、广场电视、民航电视、地铁电视、楼宇电视、医院电视等等),以及未来融合体制下的一些新业态。

二、视听新媒体的分类

视听新媒体的分类,与传统媒体分类的角度基本一样。主要有以下几种分类方法。

首先,从传播范围来看,有全国类视听新媒体,如中国网络电视台等,

[①] 赵子忠. 视听新媒体的发展趋势与运营、管理机制, http://wenku.baidu.com/view/e3f849f8941ea76e58fa0404.html.

也有地方类视听新媒体,如湖南卫视芒果 TV 等。这种分类方法是对传统媒体分类方法的延续,主要看这些视听新媒体的主办者是由国家的、省级的,还是城市媒体背景的。对此类分法的质疑是,网络电视台借由网络传播,是面向全国范围的媒体,不再受地域的限制。

其次,涂昌波按照传播途径的不同,将视听新媒体分为三种:一是通过公共互联网传播的网络音视频、网络广播、网络电视、互联网电视、手机电视等新媒体;二是通过互联网专网(城域网、局域网)传播的 IP 电视等新媒体;三是通过数字化的广播电视网传播的移动多媒体广播电视、互动电视、车载电视、地铁电视、商场及户外电视等新媒体。①

再次,从传播方式上,视听新媒体主要有以下类型:互联网类新媒体,如网络广播电视、网络视频等;广播数字类新媒体,如多媒体移动广播、网络广播等;电视类新媒体,如数字电视、电视媒体开办的网络电视台等;通信类新媒体,如手机电视、手机广播等。

最后,从传播终端形态上,可以分为固定视听新媒体,如有线数字电视;移动视听新媒体,如公交电视、手机电视等;也可以按照传播终端的特点分为个人信息平台视听新媒体(包括手机、电脑、一些个人手持设备等)、家庭信息平台新媒体(以电视为主)、公共信息平台(楼宇电视、户外大屏、公共交通电视等)。目前呈现出的一大趋势是个人信息平台的视听新媒体发展迅速。

此外,随着技术的不断发展,出现了越来越多的视听新媒体种类,在不同平台进行信息传递,很难以某一种标准来具体划分,给视听新媒体的分类带来了巨大的困难和挑战。

三、相似词义辨析

在视听新媒体的发展过程中,也出现了很多相似的概念。主要有"网络广播电视""网络音视频""广电新媒体"等。

---

① 资料来源:探讨视听新媒体的法律政策,http://www.docin.com/p-428508182.html.

网络广播电视：日本官方文件对网络广播电视的定义具有一定代表性：网络广播电视是运用流媒体技术，实时播放声音和活动图像或在因特网上传送声音、图像节目的服务[①]。《发达国家广播影视管理体制和管理手段研究》中的注释为：从定义上看，网络广播电视包括网络广播和网络电视，一般所说的 IPTV 是指网络电视。可以理解为现在的网络音视频，但范围较窄。

网络音视频：唐建英认为"网络音视频"是指以 IP 协议为基础的，在互联网（包括公众互联网和专有 IP 网）上传输的音视频内容通过电脑、手机、电视等多终端接收，从播放方式来看，包括点播、直播、按需下载和推送等[②]。这个界定范围比较广泛，从字面理解比较偏重"互联网"。

广电新媒体：黄炜认为，广播电视新媒体是以数字技术和网络技术为基础的、具有大众传播特点和功能的互动新媒体。它的构成是"广播电视＋新媒体技术形式"，也就是数字化、网络化技术下的新型广播电视。主要包括：有线数字广播电视、卫星广播电视、手机电视、移动电视、IP 电视、楼宇电视等。[③] 这个定义比较偏重"广电"，对于"网络视频"内容关注较少。

上述三个是在文献梳理过程中，与"视听新媒体"概念最为接近的，也是被提及较多的词汇。从各自定义来看，三者互有交叉，各有偏重。从字面上看，"视听新媒体"表述较为客观，没有明显偏重"互联网、通信或广电"任何一方。

在实践中，网络广播电视、网络音视频、广电新媒体和视听新媒体往往用来指代相似的东西，含义本身也在不断变化之中。由于新媒体发展迅速，对上述概念的界定也只是个别学者为了研究方便而在尝试进行，未

[①] 国家广播电影电视总局. 发达国家广播影视管理体制和管理手段研究[M]. 北京：中国传媒大学出版社，2006.
[②] 唐建英. 博弈与平衡：网络音视频服务的规制研究[M]. 北京：中国广播电视出版社，2011.
[③] 黄炜. 构建中国广播电视新媒体政策体系研究[D]. 中国传媒大学博士论文. 中国知网，2007.

能得到公认。因为本书从最广泛的角度界定视听新媒体,上述三个概念的相关文献对研究非常重要,因此笔者将其罗列出来,进行简单的解析。要想清晰而全面地界定并深入分析和区别,尚需时日。

四、视听新媒体的传播特征

目前我国视听新媒体正处于快速发展的时期,行业发展前景日趋明朗,整个视听新媒体也彰显出自身的特点。笔者拟从传播学的五大要素入手,对视听新媒体的特征进行解析。

(一)传播者:普通用户参与、企业化运营为主

首先,在传统媒体时代,大众传播中传播者主要由媒介组织扮演,如电视台、影视文化公司等,他们的基本职能就是制作、传播信息,控制着传播内容;而视听新媒体的发展,使得普通用户成为传播者,同时他们提供的内容成为视听新媒体内容的一个重要来源,即 UGC(用户原创内容)。随着视听新媒体社交属性的不断发展,内容创作的门槛越来越低,用户参与的积极性也越来越高,如微信朋友圈、微博、QQ、各大音乐 App、秒拍、抖音等的各种视音频,甚至成为平台发展的核心竞争力。

其次,视听新媒体的运营主体以企业化运营为主。在网络视频发展的早期,其运营主体可以分为国家队(电视台参与创办的网络电视台,如 CNTV、芒果 TV 等)和民营队(优酷网、土豆网等),随着市场的不断发展,目前网络视频的用户、内容、流量均向腾讯视频、爱奇艺、优酷三大平台集中,2018 年通过收看过网络视频节目的用户占整体网络视频用户的 89.6%;第二梯队(芒果 TV、哔哩哔哩、搜狐视频、咪咕视频、乐视视频)、第三梯队(风行视频、PP 视频、暴风影音、56 视频)平台的用户使用率下降,市场格局进一步清晰[①]。由此企业化运营在以网络视频为代表的视听新媒体领域表现较为出色。视听新媒体传播者的企业化运营,为内容

---

① 数据来源:中国网络视听节目服务协会.2018 网络视听发展研究报告. http://www.cnsa.cn/index.php/industry/industry_week.html.

产业链的最终形成,提供了坚实的运营基础和制度保障。随着视听新媒体影响力的不断发展,主流媒体将紧跟时代发展需要,在网络视听领域发挥舆论引导作用,如中央广播电视总台通过改革不断适应这个新的领域;同时一些政府部门也积极参与其中,如中宣部创办的学习强国APP,视听内容实力强大,发展迅速。

(二)传播内容:多样化、多元化、丰富化

控制论的创始人维纳曾经说过:"有效的生活就是拥有足够的信息来生活",足以说明传播内容的重要性。随着视听新媒体的发展,大大丰富了现代人信息的接收量。在我们的现实生活中,很多人都越来越离不开手机,手机成为伴随我们生活的媒体,而且随着媒体技术的发展,人们获得信息的渠道越来越广,除了手机之外,电梯里、大街上、公交站、火车站、医院甚至公共厕所里的信息都无处不在,而且信息传递的速度越来越快。

视听新媒体将传播内容进一步提升主要体现在以下几个方面:首先,内容来源多样化,特别是增加了用户生产的原创内容(UGC),用户群体庞大,想法多元,如何拥有用户、如何激励用户进行内容的生产、如何与用户互动成为很多平台的竞争战略;其次,内容形态多元化。出现了很多适应视听新媒体的节目形态,如网络直播、微电影、短视频等,自2016年开始出现井喷式的发展,这种新的节目形态制作成本低,传播速度快,使用平台简单,非常适合在移动和短时休闲状态下观看,并引起了广告营销商的高度关注;三是内容体验丰富化。视听新媒体将原来传统的广播影视节目被制作成音频、视频、文本、图片等不同格式内容,通过一系列数字化网络和终端,在不断细化、分化又不断相互交融的过程中,一并到达用户,全面提升了受众的视听消费体验。

不过多样化、多元化、丰富化的传播内容,也遭到一些学者的批判。视听新媒体时代的人们现在每天在花费大量的时间接触信息,刷微信、微博,看抖音小视频,每天都处于忙碌的状态,信息的来源渠道变得无时不在。信息丰富的同时变得无法安静下来阅读和思考,思维越来越水平化,有学者提出了"浅阅读""信息癌"等观点用以提醒和警示。

(三)传播渠道:横跨三大网络,面向多屏终端

视听新媒体依赖于传统互联网、广播电视网和电信网,不同网络因其技术体系各有所长,所承载的视听新媒体业务也各有特点,总体是向着互动类视听新业务方向发展。终端方面,也从单一功能的电视机、收音机,扩展到可上网和具备其他功能的电视机、电脑、手持终端等多种电子器件。电视机向平板化、多功能化方向发展;电脑显示终端向大屏幕、移动化方向发展;手持终端向融合化、智能化、平台化方向发展。按照"三网融合"战略,未来视听新媒体将面向网络的互联互通。电视终端网络化、电脑终端电视化、手持终端综合化、公共终端交互化等特征将在视听新媒体中逐步实现。"跨网多屏",彻底改变了用户"看电视、听广播"的传统视听习惯。

随着大屏手机和通信技术的不断发展,传播渠道越来越向移动端倾斜。中国互联网络信息中心(CNNIC)第 43 次报告数据显示,我国手机网民规模达 8.17 亿人,网民通过手机接入互联网的比例高达 98.6%。手机与电脑、电视、平板电脑等设备收看视频的体验差距不断缩小,而且可以实现随时随地观看,同时抖音、快手等平台提供了更为丰富的内容,使得用户越来越青睐手机终端。

(四)传播用户:规模壮大、身份多元

随着电脑和手机的进一步普及,互联网网民和手机网民不断增加,其中视听业务备受青睐。同时,视听新媒体正在影响人们的媒体使用行为,越来越多的人开始形成了网络视频的消费习惯。同时,IP电视、手机视频等的用户规模也在不断增长,视听新媒体将传统视听媒体的"伴随性"转变为用户的真正"伴侣"。

视听新媒体将大众传播变成了真正意义上的"大众"传播,所有的人都可以成为传播的主体,都可以在平台上发布信息、发表言论。视听新媒体将"受众"转变为"用户",为用户提供了更多的业务;同时,"用户"不仅能使用视听新媒体的业务,同时,也能成为视听新媒体内容的提供者,将自己的作品、言论进行分享。此外,还为一部分企业用户提供了视频会议等。至此,视听新媒体改变了传统的受众理论,"传者中心论""受者中心论"向"传受"双方的融合、博弈发展。

值得注意的一个现象是,在线视频用户的付费意愿不断提升。在网络视频刚起步的时候,和传统媒体经营一样广告占据主导位置。近年来,随着视听新媒体用户的使用习惯改变和年龄的变化,以及对越来越多广告的抵触和规避,愿意付费的用户不断增加。相关数据显示:2018年网络视频付费用户规模已达3.47亿,用户的付费意愿也提升明显,而内容付费收入目前也占视频网站总收入的34.5%,已经超过了三分之一。[①]内容付费改变了视听新媒体单一依靠广告的传统运营模式,对整个视听新媒体市场的发展起到了重要作用。

(五)传播效果:影响力不断提升

传播者范围的增大、传播内容信息量的增加、传播渠道的多元化以及用户的积极参与,使得视听新媒体从一个新生事物转变为不断成熟,影响力不断攀升。视听新媒体产业链初步形成,被定义为新兴文化产业,手机电视、网络电视、抖音等视听新媒体受到了社会的广泛关注。抖音、快手等短视频的发展更是迅速,短短两三年的时间(从2016年发力)实现了爆炸式增长,网络视频市场慢慢也趋于稳定,从社会影响力来看,中央广播电视总台及腾讯、优酷、爱奇艺将占据重要位置。[②]未来主流媒体也将紧跟时代潮流,在视听新媒体领域不断提升话语权,发挥重要影响力。同时,网络政治现象出现。视频网站把每一个普通人变成新闻记者,出现了"YouTube效应",使得视听新媒体拉近了普通人与政治的距离。一方面是参与新闻报道,成为"播客";另一方面是进行舆论监督,促进了民主政治的进程。

---

① 数据来源:2019中国网络视频精品报告,http://www.360kuai.com/pc/93db08d48e8ddfd72? cota=4&kuai_so=1&sign=360_57c3bbd1&refer_scene=so_1.
② 资料来源:中国网络视听节目服务协会.2018中国网络视听发展研究报告,http://www.199it.com/archives/882433.html.

经过上述五个方面的分析,可以发现视听新媒体从传播本质特征上打破了传统的传播模式,给传媒行业带来了根本性的革命,影响力不断增强。

第二节 政府规制理论概述

一、"规制"一词的选取

规制理论的核心来源于规制经济学。规制经济学是一门新兴学科。目前理论界和实际部门对一些基本概念及其理解还都存在一定的分歧,其中作为学科名称的规制、管制与监管的分歧就是典型的一例。维基百科对"规制"一词这样理解:制定政府条例和设计市场激励机制,以控制厂商的价格、销售或生产等决策。英文 regulation 在学术界通常被译成"规制"或者"管制"。在《新帕尔格雷夫经济学大词典》中,regulation 就被译为"管制";学者更多地使用"规制";而在实际部门,习惯使用"监管",如金融监管、电力监管、公用事业监管,等等。[①]

在我国,使用"规制"还是"管制"往往取决于学者们的不同偏好与理解,如在现有研究中有些学者认为,"管制"一词较为生硬,容易使人联想到政府用行政手段和命令直接进行强制性的管理,根据我国政府与媒体的关系,以及我国传媒规制的现状,笔者认为就目前来讲,"管制"较具有中国特色。用百度搜索工具进行"政府管制"与"政府规制"的搜索,前者词条明显多于后者。而"规制"一词较为中性和温和,一般强调规则化的管理,代表未来发展的趋势,是一种理想状态。虽然理想还远远没有照进现实,但仍需理想引路。因此,本书采用"规制"一词。需要说明的一点是,在论文的具体研究中,为了尊重作者的表述方式,很多地方引用文献时,对"管制"一词也予以保留,并不作刻意区分。

---

① 资料来源:维基百科,http://www.hudong.com/wiki.

二、"政府规制"概念的梳理:三大研究视角下的不同研究侧重

国内外许多学者从不同的学科角度,对"政府规制"概念进行了广泛的研究。比较典型的有经济学、政治学及法学三个学科,学者依据各自学科特点,对"政府规制"的研究呈现出不同的研究侧重点。通过对相关定义的梳理,笔者整理如表 1.1 所示。

表 1.1   "政府规制"定义分类

研究角度	研究重点	代表人物及观点
经济学	垄断产业进入、价格、服务及质量 规制的效率 对受规制产业的影响	Kahn:政府规制是一种制度安排,是对特定产业的结构及其经济绩效的直接的政府规定。[①] 萨缪尔森:管制是政府以命令的方法改变或控制企业的经营活动而颁布的规章或法律,以控制企业的价格、销售或生产决策。[②] 植草益:是指依据一定的规则对构成特定社会的个人和构成特定经济的经济主体的活动进行限制的行为
政治学	公共利益 利益集团 集团冲突 不同利益集团的互动	维斯卡西(Viscusi):管制是政府以强制手段,对个人或组织的自由决策的一种强制性限制。 斯蒂格勒:管制作为一种规则,是对国家强制权的运用,是应利益集团的要求为实现其利益而设计和实施的
法学	行政程序 对规制机构行为的司法控制	王俊豪:规制是指具有法律地位的,相对独立的政府规制者(机构)依照一定的法律对被规制者(主要是企业)所采取的一系列管理与监督行为。 余晖:政府规制是政府机构,以治理市场失灵为己任,以法律为依据,以大量颁布法律、法规、规章、命令及裁决为手段,对微观主体的不完全公正的市场交易行为进行直接的控制或干预[③]

在对视听新媒体政府规制中,上述三种研究视角都具有重大意义。首先,经济学关注的焦点集中在被规制者,在视听新媒体产业链条凸显和

[①] Kahn, A. E. *The Economics of Regulation: Principles and Institutions* [M]. New York: Wiley, 1970: 3.
[②] 资料来源: http://www.hudong.com/wiki/.
[③] 余晖. 政府与企业: 从宏观管理到微观管理[M]. 福州: 福建人民出版社, 1997.

市场竞争激烈的产业环境中,经济学对政府规制的研究有力地揭示了市场制度的缺陷和政府规制的弥补作用;其次,视听新媒体是网络融合的产物,围绕其规制所进行的政府机构改革、职能转变等问题,政治学上的政府规制定义有利于我们更好地认识到政府规制过程中,各种集团利益的存在及博弈;最后,视听新媒体市场竞争属于市场经济的范畴,无论是社会主义市场经济,还是资本主义市场经济,从法学的角度认识政府规制,有利于保证政府规制机构的公正性以及被规制者的权利,促进视听新媒体市场的健康可持续发展。

三、政府规制的基本要素分析

虽然国内外学者对政府规制定义的研究角度和具体观点不尽相同,但通过对政府规制定义的梳理,还是可以看出政府规制具备一些共同的要素,主要有以下几个方面。

第一,政府规制机构。有学者也将其称为行政主体,包括行政机关和授权组织。在传统媒体时代,政府部门一般直接对媒体进行规制,随着数字化技术和三网融合的不断发展,对视听新媒体进行规制的机构日益增多。奥古斯(Ogus)认为,媒体管制的机构包括各国政府管制执行部门、国际组织、区域性组织和行业自律性组织。管制的核心是管制执行部门,也就是政府管制机构是最主要的和最重要的规制主体。[1] 张志认为,规制主体是指实施规制的法定主体,可以是政府机构、准政府机构,也可以是被授权的独立规制机构[2]。本研究所说的视听新媒体政府规制的行政主体,是特指政府机构或政府授权的独立规制机构。近年来,国际组织、区域性组织和行业自律性组织在媒体规制过程中发挥的作用日益重要,本研究有所涉及,但不作为研究重点。

第二,政府规制对象。规制对象也就是被规制者,从上述定义来看,政府规制的对象主要有产业、市场和企业。制度经济学认为,政府介入经

---

[1] 曲振涛,杨恺钧.规制经济学[M].上海:复旦大学出版社,2006.
[2] 张志著.数字时代的广播电视规制与媒介政策[M].北京:中央民族大学出版社,2012.

济运行的方式有两种,一种是宏观调控,即国家制定和执行宏观调控政策,使之直接作用于市场,然后由市场间接影响微观经济主体;另一种是微观规制,即行政机关依据有关法律,对微观经济主体的行为进行直接控制、约束和规范。[1] 在我国视听新媒体政府规制的实践当中,既有针对产业和市场的较为宏观的规制,也有针对企业的较为微观的规制,本研究的规制对象采取较为广泛的界定。

第三,政府规制内容。政府规制需要通过制度安排来实现,规制制度是指为实现规制目标而制定的法律、法规、政策以及其他制度安排。[2] 潘伟杰将其称为政府规制的依据。认为政府规制的依据是国家以授权为目的的法律和行政法规或规章。政府规制的兴起是行政权扩张的结果,同时也规范了政府规制的目的、范围和行使时应遵循的基本准则[3]。在此基础上,结合政府规制的定义,本书所指政府规制内容主要指政府为规制视听新媒体而制定的法律、法规、规章、政策等。

第四,政府规制目标。从对政府规制定义的梳理来看,政府规制目标是为了治理市场失灵和利益集团的利益。随着市场经济的发展和政府规制理论的不断完善,越来越多的学者从不同角度提出了政府规制的目标,政府规制目标日益多元化。因此,视听新媒体政府规制的目标的明确变得十分必要。

第五,政府规制是一个系统工程,是规制机构、规制对象、规制内容和规制目标之间不断博弈和互动的过程。视听新媒体还处于不断发展和快速变化的过程之中,如何在动态中实现视听新媒体政府规制的均衡发展,是本书最终的落脚点。

上述五个方面,即是笔者对"政府规制"定义的理解,如图 1.1 所示。

---

[1] 胡正荣,杜萱. 中外广播电视媒介规制比较分析,http://ytv.blog.hexun.com/1798409_d.html.
[2] 张志. 数字时代的广播电视规制与媒介政策[M]. 北京:中央民族大学出版社,2012.
[3] 潘伟杰. 制度、制度变迁与政府规制研究[M]. 上海:上海三联书店,2005.

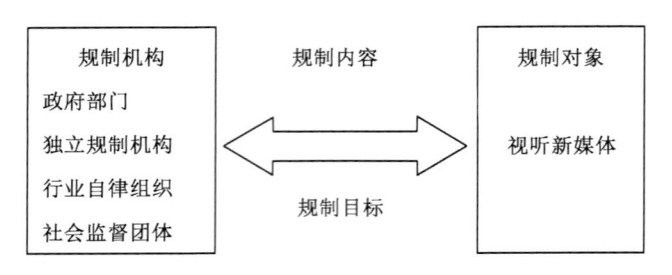

```
规制机构              规制对象
政府部门      规制内容
独立规制机构    ⟷      视听新媒体
行业自律组织    规制目标
社会监督团体
```

影响要素：政治、经济、文化、法律等

图 1.1 政府规制要素

需要指出的一点是，在政府规制这个子系统的发展过程中，还要受到政治、经济、文化、法律等宏观环境的影响。尤其是在涉及国外视听新媒体政府规制研究的时候，宏观环境的影响就要更加引起重视。上述对政府规制基本要素的分析，比较全面地涵盖了对政府规制的理解。为了更好地对视听新媒体政府规制进行研究，本书以此为研究框架形成的重要依据。

四、政府规制理论的若干相关概念

(一)市场失灵与政府失灵

1. 市场失灵

对于非公共物品而言由于市场垄断和价格扭曲，或对于公共物品而言由于信息不对称和外部性等原因，导致资源配置无效或低效，从而不能实现资源配置零机会成本的资源配置状态。[①] 在市场经济条件下，政府干预大致可以分为宏观调控和微观规制两个方面。其主要行为主体为中央政府和地方政府。一般来讲，市场失灵是规制经济学的前提，没有市场失灵，就没有政府规制的必要。

2. 政府失灵

---

① 资料来源：http://baike.baidu.com/view/133483.htm.

导致政府失灵的主要原因有规制者任职期限、自身利益、有限理性、有限信息等等,甚至出现"规制俘虏",即规制者被被规制者"收买"的现象。因为政府规制是主观人为的,比如一项规章尽管已经不合时宜,但通常它不会自动退出或被解除,它的退出可能还会受到既得利益者的阻碍。或者说,有些情况下,政府规制的综合效果反倒不如默认市场运行的自然结果。[1]

市场失灵和政府失灵是相对应的两个概念,对于我国媒介市场,尤其是视听新媒体市场,两种现象都有存在。怎样权衡,使两个都成为助其发展的利器,值得深思。需要指出的是,本书所指的市场失灵或政府失灵,主要是借鉴政府规制理论的基础概念,是特指政府或市场在视听新媒体政府规制过程中存在的部分问题,不排除市场或政府所起到的能动作用。

(二)经济性规制与社会性规制

1. 经济性规制

对存在自然垄断和信息偏在问题的部门,以防止无效率资源配置发生和确保需要对产品和服务公平利用为主要目的,通过被认可和许可的各种手段,对企业的进入、退出、价格、服务的质和量以及投资、财务、会计等方面的活动所进行的规制[2]。经济性规制主要对象是经济活动。

2. 社会性规制

以保障劳动者和消费者的安全、健康、卫生、环境保护、防止灾害为目的,对产品和服务的质量和伴随着提供它们而产生的各种活动制定一定标准,并禁止、限制特定行为的规制[3]。对我国而言,社会性规制方兴未艾,很多属于社会性规制的问题还非常缺乏相关研究,如比较突出的医药市场问题、矿难问题、排污权交易问题等等。

作为两种不同的规制领域和规制手段,二者既有区别,又有联系。经济性规制一直以来为研究者和实践者所重视,近年来,部分学者开始反

---

[1] 于立.产业组织与政府规制[M].大连:东北财经大学出版社,2006.
[2] [日]植草益.微观规制经济学[M].北京:中国发展出版社,1992.
[3] [日]植草益.微观规制经济学[M].北京:中国发展出版社,1992.

思,社会性规制才重新成为研究的热点。2008年,华中科技大学苏晓红博士的毕业论文《我国的社会性管制问题研究》,为笔者对该领域的了解以及整个文章框架,提供了大量信息。

(三)放松规制、加强规制和激励性规制

1. 放松规制

放松规制是指在那些对竞争存在规章或法规严格限制的行业或领域,限制得到缓和或被废除①。导致放松规制的原因很多:一是由于某些过去一般认为的自然垄断产业现状看来并不是真正的自然垄断,而是客观上存在相当程度的竞争的产业;二是由于某些传统的自然垄断产业中有些业务本来就是可竞争的;三是政府规制在有些方面表现出比较严重的规制失灵问题;四是经济全球化和WTO等国际组织的要求,等等。

2. 加强规制

加强规制与放松规制是相对应的。多数学者认为,在全世界范围内,经济性规制呈放松趋势,而社会性规制呈加强趋势。而且,越是市场化程度高的经济和社会,社会性规制越有必要加强。比如,我国的医药企业,存在很多重大问题,需要加强规制。

3. 激励性规制

激励性规制主要是研究适当的规制规则和规制政策,使被规制者在感受到约束的同时,还有足够的动力去追求与规制政策一致的目标。此种方式介于放松规制和加强规制中间,在企业与企业、企业与政府之间,增加了博弈的力量。同时,也是解决"一管就死""一放就乱"的一个有效出路。

五、对政府规制理论的探讨

对于政府规制,其合理性问题,除少数学者反对,如鲍莫尔"进退无障

---

① [瑞典]班特·卡略夫,弗雷德里克·洛文斯. 管理实践A-Z[M]. 陈宇峰,曲亮,程开明,译. 北京:电子工业出版社,2007.

碍市场"理论,如果进退基本无障碍,那么即使"垄断"程度很高,也不会产生多大的垄断弊端。大部分学者都持正面意见。对传统政府规制理论的探讨,已经不是简单的"管"与"放"的问题,而是"管什么"与"放什么"的问题。规制经济学创始人施蒂格勒认为,在管制过程中,市场中的经济组织希望从国家的产业政策中获得一些支持;要么是直接的货币补贴,即财政拨款,或间接的货币补贴,即无息或低息贷款,或涨价等经济行为;要么是获得对公共资源的排他性占有,控制新竞争者的出现;要么是对产业的辅助品生产的鼓励和对代替品生产的压抑,这样可以从产业的外围出发保障产业发展[1]。这个观点为问题的解决提供了有益的参考。总之,政府规制理论为本书对视听新媒体的研究,提供了深厚的理论基础和框架,而且对研究方法的采用,具有借鉴意义。

---

[1] 周艳.中国数字电视产业政策的形成研究[M].北京:中国传媒大学出版社,2007.

第二章 视听新媒体政府规制机构研究

本章是针对视听新媒体政府规制机构的研究,主要思路是从政府规制机构构成和职能出发,阐述视听新媒体政府规制机构的现状和问题,即第一节和第二节的主要内容;第三节针对存在的问题,从对政府规制机构和文化体制两个方面的改革展开,主要论述我国政府正在进行的改革努力;最后第四节是笔者对视听新媒体政府改革的建议与思考。

第一节 我国视听新媒体政府规制机构构成

一、纵向构成:从国家到地方纵向一体化

随着国家对互联网规制的不断深入,对视听新媒体的规制也日益规范。目前,我国没有统一独立的媒体规制机构,对视听新媒体进行规制的机构,涉及数量较多。这些规制机构从权力范围来看,分为国家层面的规制机构和地方层面的规制机构。

(一)国家层面的规制机构构成

按照规制机构的级别,分为国务院、国务院组成部门、国务院直属机构三大类别。具体组织架构如图2.1所示。

(二)地方层面规制机构构成

视听新媒体在地方的发展,除了受中央层面机构规制外,还必须接受地方相关机构规制。一般来讲,上述机构在地方都有下属单位,详见表2.1。

```
                    ┌─────────┐      ┌──────────────┐
                    │ 国务院  │─────▶│ 国务院办公厅 │
                    └────┬────┘      └──────────────┘
         ┌───────────────┼───────────────┐
    ┌────┴─────┐    ┌────┴────┐    ┌────┴────┐
    │工业与信息化部│  │ 文化部  │    │ 公安部  │
    └────┬─────┘    └─────────┘    └─────────┘
```

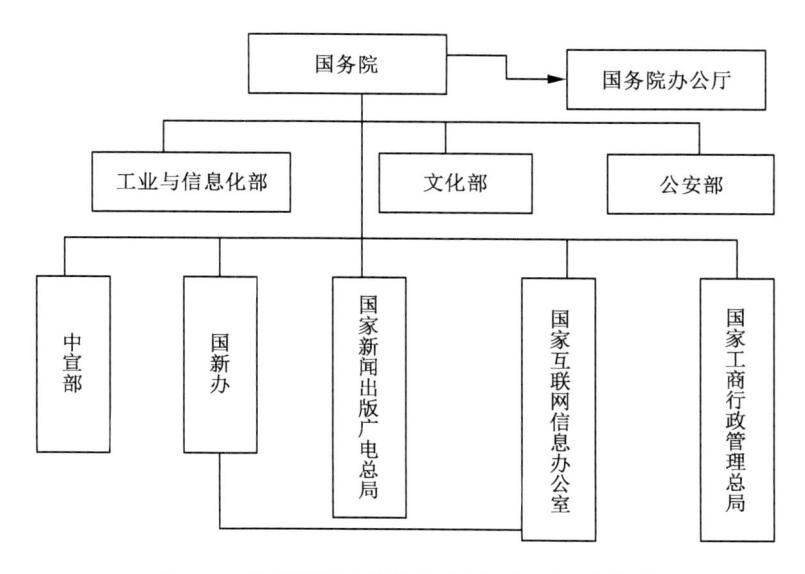

图 2.1 我国视听新媒体国家层面规制机构构成

表 2.1　　　　　视听新媒体国家与地方政府规制机构对照表

国家层面规制机构	对应地方规制机构
国务院	地方各级政府
工信部	经济和信息化委员会、通信管理局、信息产业厅等机构
文化部	地方文化厅、局
公安部	地方公安局
国家广电总局	各省市广电局（与国家广电总局不是隶属关系）
新闻出版总署	省市新闻出版局
中宣部	各地党委宣传部
国家工商行政管理总局	省市工商行政管理局

资料来源：作者根据公开资料整理。

二、横向构成：跨三网横向交叉重叠

某种意义上说，视听新媒体是三网融合的产物。在三网融合出现之前,我国政府对电信网和有线电视网基本上是分开规制的;而计算机网的出现和发展,使得政府规制部门更为复杂,出现了融合交叉的现象(见图3.3)。

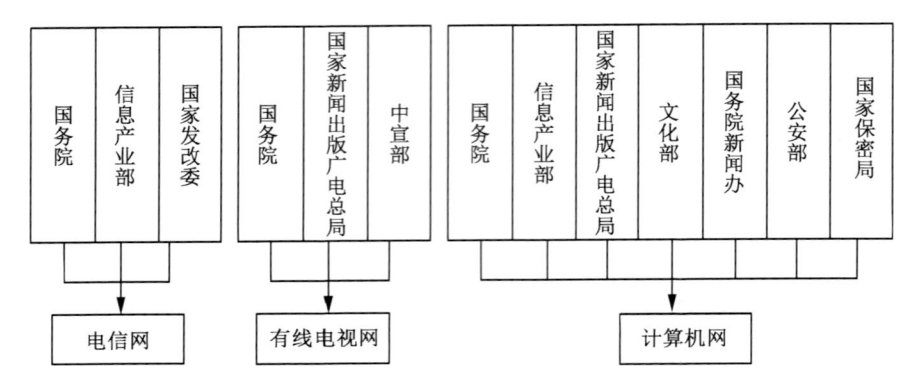

图 2.2　中国三网规制体制框架[①]

工业与信息化部是电信业主要的规制机构,但其市场准入和价格规制等由国务院和国家发改委负责;有线电视主要接受国家新闻出版广电总局的领导,但同时受国务院、中宣部、信息产业部等部门的控制;互联网主要由工业与信息化部负责网络接入规制,如 ISP(互联网服务提供商)业务等,但同时广电总局、国务院新闻办、公安部、国家保密局等都从不同角度介入互联网内容规制。从横向规制机构来看,视听新媒体是基于三网的基础之上出现的新媒体形态,所以政府对其规制的机构构成就出现了交叉重叠的现象。

三、我国视听新媒体政府规制机构构成存在的主要问题

通过上述对我国视听新媒体政府规制机构的梳理,可以总结为以下三点。

---

① 刘颖悟.三网融合与政府规制[M].北京:中国经济出版社,2005.

(一)政府部门直接规制,没有成立独立的规制机构

根据规制机构独立于政府之外的程度,奥古斯(Ogus)认为,可以确定四种主要类型:(1)机构属于政府的一部分;(2)半自治机构,即机构独立于政府之外,不向政府负责;(3)独立于政府之外的机构,这是一个公共机构,根据法律授权,在权力之内行事。其成员为来自政府部门之外的专家,与政府不存在政治隶属关系;(4)独立于政府之外的自我规制机构。[①]我国学者王瑾在研究电信规制机构时,通过对WTO(世界贸易组织)和OECD(经济合作与发展组织)规定的梳理,概括出了规制机构独立性的三个层次[②]:第一个层次是独立性最基本的形式要求独立于被监督的企业,即监督者不能和被监督者混为一体,否则就失去了监督的意义;第二个层次是更高级别的形式要求独立于相关的政府部门,这是保证独立性的更高要求。独立规制机构的职责是"规制"电信行业,而政府部门的职责是促进电信行业"发展",这是两项可能发生冲突的职责,因此,为了保障规制机构规制的公平性,这两项职责必须分离。第三个层次是终极的实质要求——规制对于所有参与者都是公正的,并认为第三个层次才是独立性最根本、最核心的体现,但也是最难把握的标准。作者考虑到研究的便捷,据此将规制机构与政府的关系分为独立于政府、与政府共管和政府直管三种情况。

(1)独立于政府。主要以美国和德国为代表。美国联邦通信委员会的权力最大,对美国通信业、广播电视业和互联网三大领域进行统一监管。美国联邦通信委员会独立于政府,直接对国会负责。同时,法院通过审判案件,对其执法起导向作用。德国对电信和媒体的规制分开,其中对媒体的规制,在国家层面上没有设立统一的监管机构。对于"公共媒体",由其内部控制,与英国BBC类似,州政府只保留在管理不善或违背法律等极端情况下对广播电视机构行使最后的权力。商业媒体由各州政府负

[①] 曲振涛,杨恺钧.规制经济学[M].上海:复旦大学出版社,2006.
[②] 王瑾.探析我国独立电信规制机构的建立,http://article.chinalawinfo.com/ArticleHtml/Article_65728.shtml.

责,设置独立的媒体规制机构,独立于政府。德国的电信规制机构网络规制局,隶属联邦贸易部,但是具有独立的财权和人事权,不需要向政府相关部门负责。需要说明的一点是,完全独立的规制机构是不存在的,这里的"独立于政府"只是相对的。

(2)与政府共管。主要以英国、韩国和法国为代表。这三个国家都设立了独立规制机构,但不如美国和德国的独立性强。政府以不同程度参与规制的过程中,根据参与程度由弱到强,依次为韩国"政府主导"、英国"政府控制"和法国"政府规制"。韩国政府一直在逐步放松对媒体的规制,尤其是视听媒体发展带来的新市场,韩国政府还在不断调整自身角色,由最初的控制转向"主导";英国主要以"控制"规制机构为主,同时通过《皇家特许证书》来控制BBC;法国除了设立独立规制机构进行媒体监管,同时文化部、经济部、财政部和产业部等政府部门一起参与规制。

(3)政府直管。主要以"日本"为代表,日本政府对媒体的规制直接隶属政府部门,没有设立独立规制机构。日本媒体规制机构改革是在日本政府对政府部门机构改革大的框架和背景下进行的,如2001年初的日本中央机关改革,使得总务省成为规制媒体的行政部门。但是,总务省很大,具体承担通信与广电管理职能的是,总务省下设的资讯流通行政局和综合通信基础局。

根据上述分类,我国政府规制机构直接对视听新媒体实现规制,属于第三种,即政府直管。目前,独立于政府和与政府共管两种模式,基本都成立了独立规制机构,成为政府对视听新媒体规制的一种趋势。政府直管,有的学者称之为行政部委的管理体制,与独立规制机构有相当大的区别:行政部委通常有许多管理职能,而规制机构的职能相对专一;行政部委的领导由政府最高领导任命,其任免基本上与政府换届同步,而规制机构的负责人虽然也由政府最高领导任命,但不一定与政府换届相一致;行政部委领导虽然要求具有一定的专业知识,但通常是政客,而规制机构的负责人必须是所规制领域的专家,拥有相当的专业知识和管理知识;行政部委受政府高层领导的控制,上下级之间存在频繁的命令和请示、汇报关系,而独立的规制机构具有相当的独立性,且具有一定的准立法权和准司法权[1]。基于此,我国部分学者认为独立的规制机构具有专而精、受政治影响较小、独立性强等特点,支持建立视听新媒体独立的政府规制机构。如刘颖悟在《三网融合与政府规制》一书中,提出建立面向三网融合的独立政府规制机构,可以有两个方案:一个方案是设立"国家通信网络监管委员会"和"国家网络内容监管委员会",分别对网络运营和网络内容进行规制;另一个方案是设立"国家通信监管委员会",同时对网络运营和网络内容进行规制。[2] 但是独立规制机构的建立与国家的政治法律环境也有很大关系,因此,还需持谨慎态度。

(二)对广电和电信分业规制,没有成立融合的规制机构

我国仍然采取分业规制的方式,即国家新闻出版广电总局负责广电业务,工业与信息化部负责通信业务,互联网业务由两者统一负责。随着视听新媒体的发展,这种规制方式与实践之间的矛盾冲突越来越明显,集中表现在对三网融合进程的阻滞。

在媒介融合之前,各国基本上都采用分业规制的方式,对印刷媒体、广播媒体、电信等采用不同的规制模式,设立不同的规制机构。但是随着计算机技术和通信技术的迅猛发展,现代的语音通信网络、视频通信网络及数据通信网络将最终汇集到统一的 IP 网络[3]。所以,以前的固定网络传输的模式被打乱,彼此可以互相借助不同的网络实现。鉴于此,为了促进视听新媒体的发展,有些国家仍然采用分业规制,但是不断调整法律政策对规制机构进行约束和引导,如德国、法国;有些国家则进行了规制机构的合并,实现统一规制,但是在融合机构下设广电、电信部门,进行分业规制,如美国、韩国;有些国家则彻底实行统一规制,如英国改革最为彻底,日本则在政府大部制改革的背景下,进行了微调。

此外,值得注意的是,在现实中,两种规制方式并不是截然分开的,尤

---

[1] 王俊豪.美国联邦通信委员会及其运行机制[M].北京:经济管理出版社,2003.
[2] 刘颖悟.三网融合与政府规制[M].北京:中国经济出版社,2005.
[3] 王新苗.IP 网络技术及 IP 网络管理发展趋势[J].电子技术,1999(9).

其是统一规制方式,其"统一"程度也存在很大差异。英国通信办公室下设内容管理部、消费者处、全国咨询委员会、老弱病残问题咨询委员会、管理评估委员会等,针对不同层面的问题,进行"分层"设置规制机构;美国、韩国和日本则是在统一规制机构下,分别设置广电和电信的规制机构,将"分业规制"纳入"统一规制"的模式之下。

上述国外政府对视听新媒体规制机构的调整,对我国颇具借鉴意义。

(三)视听新媒体所涉及的政府规制机构数量众多

从视听新媒体规制机构构成来看,无论是纵向还是横向,规制机构的数量都非常多。由于视听新媒体依托于互联网和三网融合,涉及多部门管理,我国没有设立专门的政府规制机构。其中,工业与信息化部、国家新闻出版广电总局分别负责电信行业与广电行业,是视听新媒体发展过程中最重要的规制部门。在实际发展过程中,除了受到上述部门的规制之外,财政部、税务部、银行、卫生部、教育部、中科院、国家保密局、法院等部门,从不同角度也会涉及部分规制职责。

张志在《数字时代的广播电视规制与媒介政策》一书中,对政府规制作了详细的阐释。作者通过梳理,得出政府规制机构的目的主要有以下几个角度:(1)经济学角度,制定产业政策及市场管理;(2)法学角度,依法行政,法制化管理,建立新的制度;(3)政治、文化及社会学角度,制定政治管理政策、公共服务政策,维护公共利益、文化信息安全等。前文通过对我国视听新媒体政府规制机构的梳理,可见涉及的视听新媒体政府规制部门数量非常之多。每个部门势必会从自身利益角度出发,对视听新媒体加以规制。相关人士认为,以2008年在北京奥运会上大展身手为标志,中国视听新媒体正处于快速发展时期,主要特征有四个:一是视听新媒体发展得到全社会的重视,并被纳入国家文化产业和信息产业发展战略,在国家媒介格局中的重要地位得到进一步提升;二是视听新媒体已成为广电与电信、互联网融合发展以及媒介融合的主导业务,预示了下一阶段的发展方向与趋势;三是一批运营企业相继上市,视听新媒体体制基本完成,行业发展前景日趋明朗,呈现出难以估量的发展空间;四是一批网络电视台上线,成为传统媒体与新媒体融合发展的里程碑,意味着视听新媒体正式进入主流媒体行列。[①] 通过上述特征分析,我们可以看到,视听新媒体行业发展尚未定型,未来发展空间还很大,在这个阶段,如此众多的规制部门介入,虽然能起到一定的规制效果,但对其产业的发展非常不利。

第二节 视听新媒体政府规制机构的职能体现

一、政府规制机构职能体现:"总管、主管、分管"三大层次相互配合[②]

(一)总管:国务院及办公厅负责国家宏观政策制定

国务院及办公厅主要功能集中于国家宏观政策的制定,近年来,国务院及其组成部门出台了一系列与视听新媒体发展有着直接或间接关系的政策(详见附录二),这些政策从宏观角度出发,内容主要集中于:

文化产业发展方面的政策。多和文化体制改革和文化产业振兴相关,如2009年7月,《国务院关于印发文化产业振兴规划的通知》,标志着文化产业已经上升为国家的战略性产业;

信息产业发展方面的政策。2009年4月,《电子信息产业调整和振兴规划》出台,特别提出推进视听产业数字化转型。加快4C(计算机、通信、消费电子、内容)融合,促进数字家庭产品和新型消费电子产品大发展。

三网融合相关政策。2010年1月,《国务院关于印发推进三网融合总体方案的通知》重要的政策包括:广电、电信双向进入;IP电视、手机电视的集成播控业务由广电部门负责,宣传部门指导。

版权保护相关政策。这些政策大部分采取对已有条例的修改,如

---

① 国家广播电影电视总局发展研究中心.中国视听新媒体发展报告[M].北京:社会科学文献出版社,2011.

② 根据官方网站整理,在此统一标注.

2013年1月,国务院连续对《信息网络传播权保护条例》《中华人民共和国著作权法实施条例》《计算机软件保护条例》进行修订,内容主要集中于提高罚款金额。

其他一些相关的规制政策。如《互联网信息服务管制办法》(2000,9)、国务院关于修改《音像制品管理条例》的决定(2011,3)、国务院关于修改《出版管理条例》的决定(2011,3)等政策,其中《互联网信息服务管制办法》很多与视听新媒体规制相关,而修改后的《音像制品管理条例》和《出版管理条例》也加入了很多新媒体的规制内容,并对规制机构进行了部分调整。

(二)主管:两大部门负责监管与运营

在众多规制部门中,工业与信息化部和国家广播电视总局是视听新媒体的直接规制部门。三网融合前,前者负责电信部门,对网络和市场规制较有经验,整体上实行放松规制;后者负责广电部门,主要集中于内容规制,整体上实行加强规制。视听新媒体是网络融合的产物,是电信、广电、互联网三大产业的融合,必将受到两大部门的直接规制。2010年6月,《国务院办公厅关于印发三网融合试点方案的通知》强调,广播电视播出机构负责IP电视、手机电视集成播控平台的建设和管理,负责节目的统一集成和播出监控,负责电子节目指南(EPG)、用户端、计费、版权等管理。以此文件为代表的系列政策,表现出国务院对两大部门利益分配不均,部门利益掣肘现象严重,三网融合推进缓慢,影响了视听新媒体的发展等问题的重视。

(三)分管:其他相关规制部门在某一方面起到监督辅助作用

文化部主要负责文艺类产品网上传播的前置审批工作,偏重对网游、动漫、游戏产业的发展进行规制;新闻出版广电总局负责监督管理全国互联网出版工作,包括电子和音像制品的出版工作;中宣部的主要职能是管控意识形态、对中国大陆与媒体、网络和文化传播相关的各种机构的监督以及对新闻、出版、电视和电影的审查,另外对国务院组成部门中华人民共和国文化部和国务院直属机构国家广播电影电视总局也有监督权，在省级及省级以下文化与广播电视行政管理机构由同级党委宣传部管理；国新办挂有三块牌子：中央对外宣传办公室（外宣办）、国务院新闻办公室（国新办）、国家互联网信息办公室（国网办），负责媒体涉外事务，指导有关部门做好网络游戏、网络视听、网络出版等网络文化领域业务布局规划；国家工商行政管理总局下设广告监督管理司，主要负责广告监管；公安部经常配合国家安全部门，针对网络新媒体进行规制，主要负责监控网上反动、淫秽等有害信息，对境外有害信息提出封堵网站名单并通知有关部门封堵等。上述部门对视听新媒体的政府规制起到间接规制作用，也具有非常重要的意义。

二、政府规制机构职能存在的主要问题

（一）规制部门的规制权过度分散

在我国垄断行业，规制权设置的过度分散是最主要的问题，主要表现在两个方面：一方面是规制机构设置过于狭窄，缺少综合性与全局性，彼此有内在联系的被规制行业往往被人为地分割在不同的规制机构。另一方面，统一的规制权往往被分割在行业规制机构与其他综合政策部门或执法部门之间，垄断行业政府规制机构的进入、价格、互联互通、标准、经营等方面的主要规制权，实际上被计划、财政、工商、技术监督等众多部门分割，这样不仅加大了执法成本，而且还会导致规制秩序的混乱，降低执法效率[①]。从这个角度来讲，视听新媒体政府规制没有设立统一的监管机构，而是将权力分散在两大主要规制机构——广电和电信手中。大体沿袭了"广电管内容、电信管网络"这样一种传统，在已有规制框架下增设新的部门，对原有监管主体的职能进行延伸和增补。然而，由于视听新媒体发展速度过快，使得为监管而增设的部门越来越多，最终造成监管主体

---

① 高尚全. 规制权分散是规制领域的主要问题，http://tech.sina.com.cn/t/2006-08-08/16591076370.shtml.

多而分散的群龙无首问题。同时,这种分散的局面,也使得规制机构只关注某一方面的信息,而对视听新媒体整体信息的把握严重不足,"只关注局部,忽视整体"的做法,为规制机构科学决策的制定埋下隐患。

(二)规制主体职能不清,部门利益相互掣肘

传统媒体时代的各种规制主体的职责分配是比较清晰的。新闻出版总署负责平面媒体规制,广电总局负责广播影视,虽有一些小的职能交叉,不过总体相安无事。然而,三网融合的出现,打破了已有的规制局面。视听新媒体自身具备的多样性和丰富性,更是对已有规制机构提出了挑战。在接收终端方面,有电视机、计算机、手机、平板电脑、掌上电脑、户外显示屏等;在传输形态上,有互联网、移动互联网、电信网等;IP 电视、互联网电视还可实现娱乐类、应用类、电子商务类、通信类、广告类、政府信息类等增值服务。每出现新的形态,政府规制部门就会多一些出来。由于各部门制定的许多政策和管理办法均是从自己的职能角度考虑的,缺乏协调和统一,因此许多监管政策的内容是重叠的,或者互为悖论。从而导致了职责不清或职能交叉,造成了重叠管理。

此外,"国家新闻出版广电总局"和"工信部"两大部门,虽是平行部门但在管理上却时有交叉,尤其是随着国务院对于三网融合工作的大力推进,在三网融合试点方案的制定上,工信部和广电总局两大体系里的相关利益方开始了新一轮博弈。双方在试点规模、对等开放等核心问题上,展开了激烈的博弈。这种关系各方切身利益的博弈,要达成共识需要漫长的过程。在这个过程中,随着双方边界的日益模糊与日益融合,对视听新媒体的管理就出现了一些交叉管理和多头管理。同时,在涉及实际规制执行时,由于历史原因,尽管政府部门和企业在形式上逐渐分离,但承担宏观政策制定和规制职能的政府部门和相关的行业企业却依然"情同母子",在很多场合都表现出"舐犊情深"的"温馨"场面。[①] 这样的管理势必

---

① 谭炎明. 融合试点"难产"或引致机构重组,http://www.c114.net/swrh/1994/a513667.html.

使整个行业显得混乱,最终阻碍视听新媒体的健康发展。

第三节 解决问题:我国政府正在尝试进行的努力

为了解决上述问题,我国政府也在尝试不断进行改革和调整。这种改革来源于两大方面:一是针对政府规制机构的改革;二是针对被规制机构的文化体制改革。

一、针对政府规制机构的改革

作为深化行政管理体制改革的重要内容和重大举措,大部制改革因涉及视听新媒体所在的广电和通信行业,备受关注。按照政府事务综合管理的原则,合理界定各级政府部门的职能和理顺政府部门之间的职责分工,整合、归并政府相关、相同和相近的职能,坚持一件事情原则上由一个部门负责,确需多个部门管理的事项要明确牵头部门,分清主次责任,健全政府部门之间的协调配合机制,切实解决现行政府部门职能配置方面存在的职能分散、交叉和重叠的弊病。[①] 在此原则指导下,2008年,工信部成立,中央将国家发改委的工业管理有关职责、国防科工委除核电管理以外的职责,以及信息产业部和国务院信息化工作办公室的职责加以整合,并且划入工业和信息化部。工信部的成立,有效改变了过去行业多头管理、相互推诿责任存在的低效率问题。2011年5月初,国家互联网信息办公室成立,在国务院新闻办公室加挂国家互联网信息办公室牌子,由国务院新闻办公室主任兼任互联网信息办公室主任,前文已经对此机构职能有所表述,主要是围绕互联网展开规制工作。对"国家互联网信息办公室"的成立,很多业内人士分析认为:我国互联网"政出多门"的多头管理体制,将得到一定程度整合,而且将进一步加强对互联网信息管

---

① 石佑启,黄新波.论我国大部制改革的目标定位[J].南京工业大学学报:社会科学版,2012(1).

理。① 以互联网内容管理为例。此前,文字新闻类由国新办管理,影音内容准入牌照归广电总局审发,出版、游戏类则是文化部和新闻出版总署管……现在,国家互联网信息办公室将集中统一"负责网络新闻业务及其他相关业务的审批和日常监管,指导有关部门做好网络游戏、网络视听、网络出版等网络文化领域业务布局规划"等。在2013年我国两会召开前夕,各方又开始热议"大文化部"的成立。最近盛传的改革方案有两种:一是"三合一"版本,将新闻出版总署和国家广电总局整体并入文化部;一是"二合一"版本,将新闻出版总署与国家广电总局合并。日前总局人士透露,国家广电总局与新闻出版总署已经明确合并,暂定为"国家广播电影电视新闻出版总局"。② 相关人士预计,这一改革动作最快有望在"两会"后启动。对此,有专家表示,这样的改革太不彻底。从行政机构改革的执行角度来说,"二合一"版本相对容易。最终理想形式是包括文化部、广电总局、新闻出版总署(及国家版权局)、体育总局、旅游局几大机构合并,类似于韩国的文化观光体育部。对于这样的合并,专家看法不一。国家行政学院教授竹立家认为,切忌盲目合并文化广电出版等专业部门,大部门不是简单的业务合并,而是相近职能和行业的合并,否则会扰乱正常专业市场和监管的运行。而融合网创始人兼执行总编辑、广电研究专家吴纯勇则认为,合并其实利大于弊,尤其是版权方面,此前争议较大的版权审批权等交叉矛盾将得到解决。③ 从视听新媒体的角度出发,因为其身上融合特质明显,显然,成立"大文化部"对其日后发展有利,对于文化传媒产业整合阻力减弱,拥有资金和融资优势的传媒集团有望通过跨行业、跨媒体重组迅速做大,也有巨大的影响。

与此同时,地方政府也在积极进行规制部门的合并、重组,掀起了一

---

① 资料来源:http://baike.baidu.com/view/5677206.htm.
② 王松筠微博,http://weibo.com/1720160473/zljalzSCO,目前,采用二合一版本,将新闻出版总署与国家广电总局合并为"国家新闻出版广电总局"。
③ 于华鹏.文化体制改革三家变二家:广电和版署或合并,http://tech.sina.com.cn/i/2013-03-02/00388104203.shtml.

股"自下而上"的改革浪潮。吴纯勇针对几乎全国所有的地方文化厅（局）和广电局等单位的合并、整合情况进行了摸底，并完成了一份调研报告①。报告统计数据显示，截至 2013 年 1 月 1 日，全国 330 多个地级行政区，共有 210 多家地级市、自治州、盟、地区、开发区完成了文化局、新闻出版局、广电局等部门的整合，占比 60% 左右。对于机构的整合，各地情况不一：海南省最为彻底，将文化厅、新闻出版局、广电局和体育局等进行合并，成立"海南省文化广电出版体育厅"；天津市、上海市、重庆市、山西省、江苏省、浙江省、广东省、青海省、宁夏回族自治区等已经正式以"文化广电新闻出版局"对外挂牌；目前的改革基本上是自下而上的改革，即文化体制改革所涉及的区域绝大多数以县、乡、镇为主，然后再由地级市进行部门整合，最后是省级和直辖市层面。而像北京等地则尚未启动相关整合。这种自下而上的改革方式，有效地推进了中央文化规制机构改革的进程和决心，对于地方视听新媒体的发展，也起到了简化沟通程序，提升行政效率的促进作用。

二、针对规制对象的文化体制改革

对于文化体制的改革最早开始于 20 世纪 70 年代末，但将文化体制改革的目的、意义、主要任务和实施重点更加明确的是在 2002 年左右。2001 年 8 月，中共中央办公厅、国务院办公厅转发《中央宣传部、国家广电总局、新闻出版总署关于深化新闻出版影视业改革的若干意见》，要求新闻出版广播影视业"健全党委领导与法人治理结构相结合的领导体制"，"传媒治理结构"及其改革目标首次在官方文件中出现；2002 年中国十六大提出深化文化体制改革，第一次将文化分成文化事业和文化产业，并提出要"抓紧制定文化体制改革的总体方案"；2003 年，文化体制改革启动，进一步要求传媒改革"重塑传媒市场主体、建立现代企业制度"，并作为政府相关部门的工作重点，随后，文化相关产业

---

① 于华鹏. 文化体制改革三家变二家：广电和版署或合并，http://tech.sina.com.cn/i/2013-03-02/00388104203.shtml.

的整合在全国范围推广开来。自诞生,视听新媒体一直坚持市场化的运作模式。作为近年发展最快的视听新媒体代表,网络视频,起家大部分都是民营企业,吸引了国内外的风险投资商。2007年,红杉、凯雷、SIG、DCM等国际风险投资公司进入P2P网络视频领域。与此同时,民营视听新媒体运营企业的并购也相当频繁。民营视听新媒体则全部实现企业化运营,普遍建立了现代企业制度,并涌现出了一批成功步入资本市场的上市公司。此外,还有一批国有传统媒体开办的视听新媒体业务已基本完成转企,并逐步建立现代企业制度。2011年底,上海百事通作为首家广电新媒体企业上市,是上海广电在国家政策指导下促进广电体制改革的一个尝试,有助于国有新媒体完善公司治理结构,健全媒体服务的组织体系,完善新媒体产业链,确保新媒体业务发展的稳定性、持续性,既实现国有资产的增值保值,也为投资者创造最大价值。2012年11月,万众瞩目的国家网络公司在多方的期盼下终于开始推进。国家广电网络公司组建方案已获批准,主要由财政部出资作为资本注册金,中国移动等电信运营商并没有参与。财政部将为国家广电网络公司出资45亿元作为资本金。该公司将获得工信部双向接入牌照。国网公司的成立为三网融合背景下的数字电视运营商创造了更多的机会,也带来了更多的挑战。

第四节　对我国视听新媒体政府规制机构改革的几点思考

一、正确认识政府机构改革与政府职能转变的关系

本章第一节和第二节分别对我国视听新媒体政府规制机构构成和职能体现进行了阐述,但两者并不是截然分开的。政府机构与政府职能的关系具体表现为以下三点:政府职能的转变必然要求政府机构做出相应改革,机构改革是政府职能转变的必经之路,政府职能转变与机构改革是

一个渐进过程。① 在我国社会转型和传媒体制改革的背景下，重新思考政府机构改革与政府职能转变之间的关系具有重大意义。

(一)政府职能的转变必然要求政府机构做出相应改革

政府机构设置的依据十分复杂，但最直接、最主要的依据是政府职能。政府职能是一个结构严密的体系。构成政府职能体系的要素主要有职责范围和作用程度两项。职责范围即政府职责在横向上拓展的广度，它标明政府职能所要涉及对象的界限，以及政府作用所要影响的领域。作用程度即政府作用的纵向深度，它表明政府在其职责范围内在哪些层次发挥作用，以及在不同层次发挥作用的强弱程度。②"科学技术是第一生产力"，以视频点播、IPTV、手机电视为代表的由于网络融合出现的新型业务，必然对原有的规制体制发生冲击。一是出现规制空白，如即时通讯业务属于互联网，现在手机上有出现，未来也有可能在电视上出现，如何规制？二是规制滞后。视听新媒体是网络融合的产物，也是诸多融合业务的代表，现有的规制政策，有一些已经不再适应新市场的快速变化，迫切要求政府转变职能，改革政府机构。

(二)机构改革是政府职能转变的必经之路

没有政府机构的大力改革，政府职能的转变也就不能真正得到实现。在我国视听新媒体政府规制机构的设置上，几乎遍及政府各大部门，机构臃肿、层次繁多的情况是导致政府规制效率低下的主要原因。对于视听新媒体的规制，国外很多国家都进行了机构改革，如韩国为了缓和三网融合带来的规制冲突，成立新的大规制机构——韩国广播通信委员会，而原有的信息通信部和广播委员会则宣告解散。此次规制机构改革的目的在于，改变韩国融合服务发展相对滞后的现状，并借此繁荣新兴的媒体产业。其主要部门主要职责如下。

---

① 李文良.中国政府职能转变问题报告[M].北京:中国发展出版社,2003.
② 李文良.中国政府职能转变问题报告[M].北京:中国发展出版社,2003.

表 2.2　　　　　　　韩国视听新媒体政府规制机构及职能构成

规制部门	规制职能
企划调整室	法令、法规的审查；国际合作、合约的签订；组织及人员管理
放送通信融合政策室	制定和许可 IPTV 等放送、通信融合服务政策
放送政策局	地面波广播服务许可，TV 收视费，管理媒体经营和广播所有权
通信政策局	有无线通信政策，移动通信终端政策规定，通信保护和隐私政策规定
用户网络局	监管和调查广播、通信运营商的公平竞争，受理用户的投诉。随着新媒体的不断发展，韩国广播通信委员会将其分拆为使用者保护局和网络政策局。加大了对用户的保护力度

　　从其组织架构看，韩国广播通信委员会充分体现了融合性监管机构的特点。韩国广播通信委员会的首要任务是对当前发展态势高涨的一系列宽带网络服务做出明确的规制规定，包括 IPTV、直播电视、和视频点播等业务。此外，如何放松当前过于复杂的规制规定也是该机构近期内的一大工作重点，此前有批评人士称，一些过于严苛的政策阻碍了韩国电信业的发展。此前，由于广电界和信息通信界之间的矛盾而一直没有进展的 IPTV、DMB（移动数字电视）和数字电视等电视广播与信息通信相结合的整合产业，将迎来新的发展契机[1]。

　　在其成立后，韩国广播通信委员会依据国会通过的《IPTV 法案》，加快出台推动 IPTV 的发展政策。承诺在放松规制和促进竞争的原则下，确保符合法定条件的企业完成商业登记，及时开展全业务服务。同时，放松对于大型企业对节目制作与内容提供企业的交叉所有权的上限限制，进一步支持大型企业开展 IPTV 服务，并运行外商提供 IPTV 内容服务[2]。韩国广播通信委员会冲破利益阻挠，最终为视听新媒体的发展提供了良好的政策保障。

　　上述案例，很好地诠释了机构改革是政府职能转变的必经之路。视

---

[1] 资料来源：http://baike.baidu.com/view/1499552.htm.
[2] 王融.监管体制改革呈现三种模式我国应兼收并蓄推进三网融合[J].世界电信，2011(7).

听新媒体的发展,需要新的或者改革后的政府规制机构为其保驾护航。

(三)政府职能转变与机构改革是一个渐进的过程

在政府职能与政府机构这一矛盾体中,政府职能总是随着社会经济生活的发展而变化。与之不同,作为政府职能载体的政府机构一经设立,则会在一定历史阶段保持自己在机构、功能、制度、人员等各个方面的稳定性。[1] 于是,随着政府职能的不断发展变化,政府机构与政府职能逐渐发生矛盾,当矛盾到达一定程度的时候,就会要求进行机构改革,缓解矛盾和冲突。这是一种动态的波动过程,因此,视听新媒体出现导致的政府规制机构职能转变和机构改革是一种必然现象,在实际操作过程中,既要考虑到动态性又要考虑到稳定性。

二、政府规制机构改革的切入点:行政审批

行政审批是政府的行政职能之一。现行的行政审批制度是计划经济的产物,在新媒体出现之前,对政府有效规制传媒起过积极的作用。然而,视听新媒体的发展,将现行的规制机构的行政审批范围扩大,审批事项不断增多,对于新生事物,往往借宏观规制之名,行行政干预之实。以视频网站的审批为例,涉及多个部门,根据网站公开资料整理如表 2.3 所示。

表 2.3　　　　　　　　我国视频网站市场进入审批

部门	审批内容
工信部	对经营性的网站审批,对非经营性的网站备案;对开展电子公告服务进行许可证批准;增值电信业务经营许可证
工商部	经营性网站备案信息;互联网上网营业场所的营业执照管理,对无证经营、超越范围经营等行为进行查处
国新办	网络媒体刊载新闻业务资格的审批,对经营性互联网信息服务实行许可制度,对非经营性互联网信息服务实行备案制度,对刊载内容实行审查制度

[1] 李文良.中国政府职能转变问题报告[M].北京:中国发展出版社,2003.

续表

部门	审批内容
国家新闻出版广电总局	审批《新闻出版业务许可证》；审批《网上传播视听节目许可证》；《广播电视节目制作经营许可证》
文化部	网络文化经营许可证
公安部	公网安备

通过上表可以看出，要经营一家视频网站，涉及多个部门的行政审批。这些审批一方面增加了企业的"制度成本"，致使网站花费较多的时间奔波于多个部门之间。另一方面现行的审批，对不同所有制企业在经营范围、经营许可、资金融通等方面存在歧视，明显违背了平等竞争和非歧视性原则。

同时，当前视听新媒体的审批制度还存在一些行政审批制度共有的问题：审批事项多、范围广；审批环节多、周期长；审批条件不具体、程序不规范；审批责任不明确、监督机制不健全；重审批、轻监管；重收费、轻服务等现象，这些现象除了容易滋生腐败现象外，更会耽误经营者抓住市场机会。

随着网络视频竞争的日益激烈，各家网站都想通过网络剧和微电影来突出自己的特色。针对此现象，国家新闻出版广电总局进行了规制。主要表现在两个方面。

一是发布了系列文件。国家广电总局和国家互联网信息办公室联合下发《关于进一步加强网络剧、微电影等网络视听节目管理的通知》（以下简称《通知》），要求互联网视听节目服务单位，对播出的网络剧、微电影等网络视听节目负责；要求网络视听节目服务行业协会对会员单位网络剧、微电影等网络视听节目审核人员开展培训和考核，引导会员单位传播健康有益的视听节目；要求政府管理部门，督促互联网视听节目服务单位落实《通知》要求，并依法对业务开办主体进行准入和退出管理。在此基础上，要求开办网络剧、微电影的视频节目服务机构首先需持有《信息网络传播视听节目许可证》和《节目制作许可证》，在此基础上还必须具有《第二类互联网视听节目服务许可证》。同时，政策还规定，网络剧、微电影、影视类、纪录片等内容需由 3 名以上审核员审核通过，并由视频业务负责人最后通过。此外，广电总局还规定所有网络视听节目"谁签发谁备案"，根据属地管理，审核签发后要到当地备案，以便出现问题时回查审核单位和审核人员。

二是行政审批严格。乐视网原创中心总监朱元庆向记者透露，"我们并没有对原有内容重新审核，因为既有的审核机制已经很严密了。如果算上演员档期和资金方面的因素，乐视在网络剧和微电影方面审批通过率最多只有 5%，而国内电视剧的审核通过率为两成。[①]"

如此严格的行政审批给微电影的创作带来了巨大压力。"依照规定，我们现在必须去取得证照才能开始制作，如果自己去办证，相关流程会消耗我们很多时间；如果选择挂靠在一些有资质的企业下面干活，毫无疑问，挂靠费用肯定会提高我们的成本，现在制作一部耗资 2.5 万元的微电影已经算高成本了，我们并没有多少资金来付挂靠费。[②]"

这样就出现了一个比较奇特而矛盾的现象：一方面国家希望借助信息技术发展视听新媒体产业，一方面又对产业发展施加严格控制，限制了产业的发展。基于此，笔者认为对视听新媒体的行政审批制度，已经妨碍了市场机制作用的正常发挥，应该作为政府规制行政主体改革的切入点，对视听新媒体企业市场进入放松规制，大幅度调整和精简审批事项。

三、政府规制机构改革的再思考

(一)政府规制机构扮演角色：社会管理者角色的回归

我们的政府其实有三重角色，一是作为一般社会管理者的角色，二是作为市场规制者的角色，三是作为企业或者说是生产者的角色[③]。这句

---

① 网剧准入门槛提高，审核通过率仅 5%，http://tech.qq.com/a/20120718/000030.htm.
② 网剧准入门槛提高，审核通过率仅 5%，http://tech.qq.com/a/20120718/000030.htm.
③ 张维迎.中国：政府规制的特殊原因，http://www.cenet.org.cn/article.asp?articleid=5682.

话用于形容目前我国政府规制机构在视听新媒体当中扮演的角色,非常贴切。然而,在实践当中,虽然三种角色集于一身的政府,在推动视听新媒体发展方面起到了一定作用,但是这三重角色之间也充满了矛盾,造成了政府角色的冲突和错位。因为政府较一般组织来讲,具有暴力特权的政治属性,如果政府是上述三重角色的扮演者,那么政府就有可能利用它的权力,来谋取它作为所有者的利益。造成的后果如下。

(1)出现了规制越多,腐败越多的现象。20世纪70年代,施蒂格勒曾经关注到"规制俘虏理论",后被其他学者不断完善。认为政府规制是为满足产业对规制的需要而产生的,而规制机构最终会被产业所控制。视听新媒体的发展,也证明了好多管理者和被规制者到最后,本身变成了规制的既得利益者。他们总是会找到更多的借口,建立起更多的规则,利用政府赋予的合法权利来创造出更多的规制来。仅这一条就使得规制完全变了味。与此同时,被规制者对规制者进行寻租行为,也会产生腐败。此外,有些视听新媒体企业本身属于国家的,在税收入不敷出的情况下,政府本身更倾向于通过垄断价格实现高额利润,从而弥补国库的不足;也有的作为地方政府改革的政绩工程而被赋予额外的政策保护和倾斜。作为文化体制改革的突破口,原有传统媒体因为受旧体制影响太重,因而媒体或政府将改革的焦点指向视听新媒体相对容易。上述种种现象的出现,同时还容易导致消费者处于比较弱势的地位,消费者利益难以保障。纵观国外很多国家,专门成立与消费者有关的机构,如美国FCC下属的消费者与政府事务局、韩国广播通信委员会下属的使用者保护局等等,加大了对消费者权益的保护力度。

(2)规制造成了市场竞争的不公平现象。一个明显的现象是,广电总局对于3G视频内容牌照的发放,首批入选的央视、上海文广、人民日报、新华社、中国国际广播电台、央广视讯、视讯中国、华夏视联这八家,都有广电背景,显然,这样的做法,对于那些优酷、激动网、土豆网等申请牌照的民营企业不公平。广电总局有以公共利益为名设定行业准入门槛之嫌。中国要推行市场化改革,就必须以充分的公平竞争激活市场与社会资源,政府就必须从体制垄断的制造者转变为公平竞争的保护者,打破行政权力的租界,告别体制寻租的畸形经济,中国的未来才有活力。

显然,政府自身也认识到了这一点,在第十个五年计划纲要中提出,进一步转变政府职能,集中精力搞好宏观调控和创造良好的市场环境,不直接干预企业正常的生产经营活动。要加强对政府机构的改革,目的是进一步理顺政府和市场、政府和社会的关系,要从根本上改变过去政府管了许多不该管的但又必须管却没有去管好的情况,要政府的职能归位。[①]政府规制机构如果三种角色同时扮演,可能每一种角色都扮演不好。而应该聚焦于"一般社会管理者的角色",为公平、公正、有效的市场竞争制定规则,而不是政府直接的或间接的干预。

(二)政府规制机构职能:由"经济建设"到"制度建设"转变

1949年以后,我国政府经历了"政治建设"为中心到"经济建设"为中心的转变。秉承这个原则,改革开放以来,我国政府在社会主义市场经济发展迅速,GDP一直都是政府工作衡量的重要指标,可以说,政府在推动我国经济发展方面,功不可没。

但是当我国社会主义市场经济进入平稳发展阶段以后,制度滞后的特性就逐渐显现出来。张维迎教授指出,未来20年,为了继续发育和完善市场经济,政府应以维护市场公平为中心,以保护产权为中心,以制度建设为中心。而应少插手经济建设的具体事情。中国(海南)改革发展研究院执行院长迟福林更是明确指出了政府职能转变的必要性。第一,改革开放之初政府是市场的培育者,是市场的孵化器;当市场体系初步建立起来后,政府就要逐步退出来,成为市场的监管者,"裁判员不能再当运动员";第二,在企业主体没有形成的时候,政府是经济建设的主体,投资的主体;但在企业主体形成后,政府应当从投资建设的主体中解脱出来,为企业提供经济性公共服务,包括信息公开、基础设施建设、中长期规划制定等;第三,从以GDP为中心到以人的发展为中心的转变,是能不能实现

---

① 朱剑飞.改革是传媒繁荣发展的根本动力之源[J].新闻与传播,2012(10).

可持续发展,能不能转变发展方式的实质性问题。① 视听新媒体经过了最初的市场培育期,产业链逐渐清晰,在《对话:中国网络电视》对规制客体的采访中,大多数管理者指出,明确而清晰的制度体系是行业发展的首要问题,而不是简单的政策"松"或"紧"的问题。尤其是融合特征明显的手机电视、互联网电视、IPTV、网络视频等领域。什么样的企业在什么样的条件下可以公平地参与视听新媒体市场的竞争,这样最基础的问题都没有明确的阐述,说明视听新媒体制度建设的严重缺失。

政府规制机构制定清晰而明确的制度,不仅对被规制企业有利,同时也有利于市场的规范与公平,而不是"头痛医头、脚痛医脚",也为"寻租"行为的发生,减少了生存的土壤和空间。

目前,还有一个明显的特点,就是视听新媒体产业力量不均衡,尤其是具有国家背景的企业和组织,在政策制定上会有一些倾向性。笔者认为,作为高新技术行业,政府的扶持政策应该面向全体被规制者,否则就会出现不公平竞争。规制制度的建设,不在于优惠政策的多少,而在于一个"公平、公正、有效"的市场竞争环境的建立。

此外,完善相关的法律法规,可以出台新的法规,也可以对相关法规进行修订,进一步完善行政法规和部门规章,使得视听新媒体规制机构在行使职能、规制方式、决策过程有法律授权,提高规制机构的透明度和公众参与程度,实行规范的听证制度等,防止规制机构成为新的、阻碍市场发育的机构。同时,还要进一步完善规制机构的监督体系,进一步发挥行业自律,乃至全社会监督,共同协助政府规制机构,完成对视听新媒体的有效规制。

(三)政府规制机构改革:顺应融合趋势,逐步建立融合机构

无论是在国外,还是国内,从视听新媒体发展的实践来看,对视听新媒体政府规制机构进行改革势在必行。

---

① 迟福林.政府转型:从经济建设型到公共服务型,http://finance.qq.com/a/20090306/003084.htm.

国家政策推动网络融合进一步发展,反过来网络融合也不断推动监管部门的融合发展。在电信领域,有学者已经关注到了规制融合的必要性。胡汉辉、沈华提出了网络融合环境下的规制融合示意图①,如图 2.3 所示。

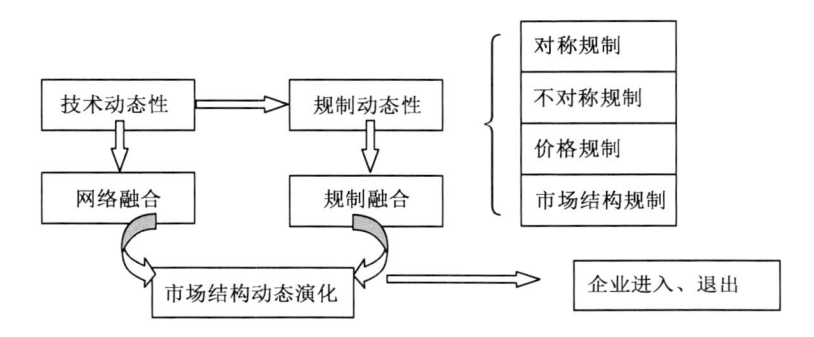

图 2.3 网络融合环境下的规制融合

电信领域相对广电,市场改革较早,以往学者对电信规制机构的研究,对当今广电领域的变革极具借鉴意义。目前,由于数字技术的发展变化,横跨两大领域的视听新媒体产业发展迅猛,最终会被纳入一个统一的规制框架当中。同时,也有大批学者研究三网融合规制进程的演变路径,如图 2.4 所示。

从视听新媒体现有规制来看,规制机构基本上实行了动态的规制,国家广电总局和工信部(以前的信息产业部)为规范视听新媒体秩序,多次下发管理规定,起到了一定的作用。不过这种动态规制具有严重的滞后性和不稳定性,需要一个统一的机构,专门针对视听新媒体进行规制。李小莉通过对欧洲媒介规制的思考,认为这个机构不仅独立于各个媒体,而且独立于政府部门,这样才能最大限度地消除我国传媒产业特有的顽疾——长期以来条块分割、多头规制,和"三不分"即政企不分、政事不分、

---

① 胡汉辉,沈华. 网络融合环境下的动态电信规制[M]//于立. 产业组织与政府规制. 大连:东北财经大学出版社,2006.

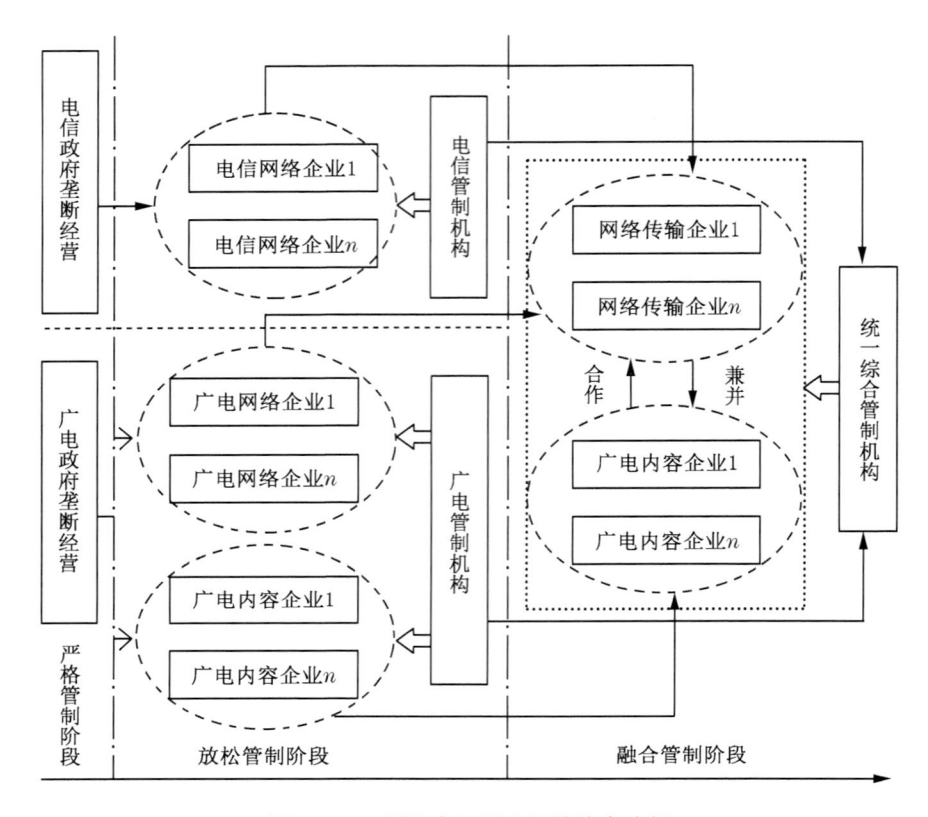

图 2.4 三网融合规制进程的演变路径

管办不分(像广电行政管理部门就充当着宣传、建设和管理的三重角色)。同时,这个独立的规制机构必须通过立法的形式来建立,不是国务院机构改革的"副产品",也不是哪个政府部门的行政决定。这样才能彻底切断规制主体和规制客体及政府部门的利益关系。[①] 对此,作者非常赞同。然而从目前政府规制机构改革来看,短期内成立独立的统一规制机构对广电和电信进行监管的可能性不大。那么,为了有效解决广电和电信的矛盾,可尝试由一独立于广电和电信的机构,负责对视听新媒体统一规

---

① 李小莉. 欧洲媒介规制与监管的现状与思考, http://www.doc88.com/p-902236872969.html.

制。这个部门直接对国务院负责,由国家财政拨款,保证其独立性。

由于政府规制机构改革,会触动政府和官员的权力和利益,一般改革都是"雷声大,雨点小",有些学者认为这样的改革,相对稳定。然而,改革的后遗症也不少。曾经大力倡导的传媒集团化和"制播分离",实践证明多是"翻烧饼"甚而"瞎折腾"的作为,结局则是"问题多于成绩,困惑大于思考[①]"。政协委员朱燕来在接受采访时表示,机构改革的事情要早做,越往后推,解决问题的难度就越大。因此,作者认为,对于作为传媒改革急先锋的视听新媒体,政府规制机构的改革不妨彻底一些,步子迈大一些。

(四)正确处理集权与分权的关系

英国哲学家托马斯·霍布斯早在三百年前就指出,在有政府出现之前,自然状态的世界中充满着因为自私的个体之间残酷竞争而引起的各种矛盾,人与人之间的关系表现为"一切人反对一切人"的状态。[②] 霍布斯关于自然状态的丛林法则假设被经典现实主义者类比到无中央集权的人类社会是无法生存下去的,更不用说发展。因此,集权制度是需要肯定的。

由前文我国政府对视听新媒体的规制机构图可以看出,集权属性在视听新媒体规制过程中,表现仍很突出。视听新媒体作为新生事物,政府规制部门制定了一系列促进其发展的产业政策,有利于整个产业的快速发展。同时,这种集权又与视听新媒体的产业属性发生了冲突,集中表现为政府集权造成的垄断及市场竞争的不公平环境,因此,在集权的同时,需要不否定市场主体的能动性而坚持民主;不否定社会治理中心的多样性而强调分权。

最后,需要说明的是,上述四点对我国视听新媒体政府规制机构的思考,所出现的问题与改革都不是独立的,而是交叉在一起,视听新媒体政

---

① 朱剑飞.改革是传媒繁荣发展的根本动力之源[J].新闻与传播,2012(10).
② [英]托马斯·霍布斯.利维坦[M].黎思复,黎廷弼,译.北京:商务印书馆,1996.

府规制机构问题的关键不是多或少设几个机构,而是真正做到政府放权,转变角色和职能,做到政企分开,关注公共领域问题,制定合理的规则来监督市场运作。

第三章　视听新媒体政府规制对象研究

我国视听新媒体市场发展迅速,绪论中的一组数据已经说明,用户规模和市场规模都呈快速增长态势,未来发展空间广阔。市场的发展导致政府对视听新媒体采取传统媒体规制的方式出现政府失灵的现象,要求政府进行改革,进行规制权力的调整;另一方面,市场也不是万能的,由于视听新媒体自身具有的特征出现市场失灵的现象,又离不开政府规制。因此,要想视听新媒体政府规制更具效力,需在政府与市场之间的动态博弈中把握平衡。

第一节　市场发展与政府规制的矛盾日益凸显

视听新媒体市场微观主体初步形成,视听新媒体具有的"融合型"媒体特征,也带动了微观市场主体之间的融合与重构,市场竞争更为激烈。然而,政府对视听新媒体的规制大部分沿用传统媒体规制思维,虽然进行了部分调整但远远跟不上市场的发展,因此受到严重的挑战。政府规制失灵现象出现,亟须扭转局面。

一、我国视听新媒体微观市场主体初步形成

目前,在视听新媒体市场,内容提供商(CP)和集成商、网络运营商、服务提供商(SP)、技术提供商(TP)、终端设备制造商、用户等微观市场主体初步形成,在视听新媒体市场当中发挥着重要的作用。

(一)内容提供商和集成商:多方力量介入

内容提供商(CP)位于产业链的上游,为整个产业链提供内容资源。

随着视听新媒体传播渠道的多元化,对内容的需求日益增加,内容产业化加剧。

首先,主流媒体不断重视并增加视听新媒体内容的投入和制作。目前学者对主流媒体的界定还不是很统一,在此采取原新闻出版总署报刊司副司长王国庆的观点,认为主流媒体就是承担重要的宣传任务和功能,覆盖面广,品牌性强,影响力大的强势媒体。具体涉及视听新媒体内容制作的有:

中宣部下属的"强国学习"平台,视听学习作为其中重要的一块内容呈现,同时增加百灵短视频平台,将学习内容和网民新媒体使用习惯进行了较好的结合。2018年3月,由中央宣传部直接领导的中央广播电视总台成立,主要由原中央电视台(中国国际电视台)、原中央人民广播电台、原中国国际广播电台合并组建。合并后的中央广播电视总台十分重视新媒体建设,在下设的25个中心中新媒体中心就有3个,分别为融合发展中心、新闻新媒体中心和视听新媒体中心。2019年又斥资10亿元,重磅成立了央视频融媒体发展有限公司(简称央视频),央视频在发挥总台视音频优势的基础上,进一步聚合社会机构和专业及准专业创作者的优质账号,在内容上聚焦泛文艺、泛资讯、泛知识三大品类,在形态上主打短视频,兼顾长视频,致力于建设守正创新、真实权威、生动鲜活、轻松快乐、用户喜爱的新媒体新平台;在中央广播电视总台的带领下,地方各台也展开了积极的探索,纷纷成立新媒体平台,如湖北广播电视台"长江云"平台、广东广播电视台"触电新闻"融媒体平台等。整体而言,广电机构在内容产业链条中处于优势地位,音视频节目的制作经验丰富,拥有大量的专业人才、雄厚的资金实力、优良的设备以及丰富的节目内容数据库。同时,广电系统由于历史原因,在音视频内容方面具有高度垄断性。在新媒体牌照发放方面,也占据优势。此外,上海文广、南方传媒等大的传媒集团;中央网络电视台等为代表的传统广电主办的新媒体机构;杭州华数、歌华有线、上海百事通等为代表的具有广电背景的企业等也在新媒体特别是视听内容方面不断加大投入力度。

除了传统视听媒体纷纷布局视听新媒体外,其他主流媒体如人民日报社推出"中央厨房"概念,改变新媒体产品的采编流程,丰富产品形式;新华社也在积极打造"网上通讯社",将图文和视听形式结合起来,丰富视听新闻产品;同时,不同机构之间展开了广泛的竞争与合作,特别是战略联盟形式的出现,使得传统主流平面媒体形成了以新闻为特色的视听节目新领域。

其次,通信运营商不断加强内容投入和制作,以求在集团层面对分散在全国各地的内容资源进行整合。互联网特别是移动互联网时代,通信运营商对于内容的重视从没有停止过。大体可以分为以下几种模式。

(1)运营商+门户内容。这是在互联网发展的早期,中国电信和网通各自成立了"互联星空"和"宽带我世界"两个内容门户,在当时起到了很大了影响。

(2)自建视听新媒体内容制作基地。2005年中国移动与中国电信相继在上海成立视频基地、中国联通成立视频公司,它们主要负责内容的集成。各内容提供商与总公司合作,内容统一在视频基地集成。如中国移动与央视等12家主流媒体、"迪士尼""中影"等11家内容机构建立合作伙伴关系;中国移动手机视频从"广、深、热、精"四个维度提升内容储备及运营能力,逐步形成国内领先的无线正版视频整合发现平台;三是"内容+运营"一体化合作新时期。随着5G时代的到来,高清视频成为大势所趋,视听新媒体产品成为运营商必争之地。2018年咪咕视频大手笔与央视CCTV5、优酷一起拿下世界杯的直播权,2019年中国移动投资16亿人民币,入股芒果超媒,进一步加强了内容产业的布局,不断拓宽内容领域的产业链。

(3)互联网机构特别是一些音视频网站进行网络视频作品的制作和加工。具体包括:一些视频网站专门成立的制作部门或影视公司;与优秀的个人内容制作室合作;与优秀的影视节目制作公司合作;还有一些广告客户也会提供一些相关合作的内容。这些机构主要专注于自制剧、自制综艺、自制电影。

按照发展时间来看,早期这些内容网站的试水尝试自制内容多结合自身平台优势,集中在自制剧和综艺节目。优酷最先尝试自制视频内容,如自制剧《老男孩》等影视作品及综艺节目,在广大用户中取得了非常强烈的反响;搜狐视频充分利用搜狐作为门户网站的平台优势,与搜狐旗下的搜狐娱乐等产品进行全面整合,推出了一系列有影响力的影视原创作品,如《疯狂办公室》《钱多多嫁人》,以及一系列高品质原创栏目,如《明星在线》《大鹏嘚吧嘚》等。搜狐视频还成立了专门的原创频道播放其出品的各种原创影视作品及节目。这种类型吸引了越来越多运营商的注意。

2016年左右网络剧和网络电影的制作数量基本达到了顶峰时期,之后几年呈现稳步下滑趋势,网络剧和电影的制作题材丰富,古装和战争题材比较收到网友欢迎,2018年在网络自制剧方面爱奇艺、腾讯视频和优酷占据第一梯队,其中爱奇艺远远高于其他两个平台;与网络剧和网络电影不同的是,2016年之后网络综艺节目数量有所上升,腾讯视频、爱奇艺和优酷都有自己的头部综艺节目,如腾讯的《吐槽大会》,爱奇艺的《中国有嘻哈》《奇葩说》,优酷的《火星情报局》等,内容大多集中在音乐和脱口秀等形式。

随着网络自制内容的蓬勃发展,大大丰富了节目的类型和互动能力,增强了内容领域的活力。不过也呈现出一些弊端:原创能力缺乏、模仿跟风内容雷同、把关不严和线上线下双重标准导致节目的层次高低不同,其中内容创新不足成网络视听行业面临的核心挑战。

(4)影视节目制作公司。顾名思义即专门从事电影、电视剧以及电视节目制作的媒介机构,这些公司争相布局视听内容市场。主要类型有以下几种:一是电视台下属的节目制作公司和一些股份公司或国有企业投资成立的节目制作公司,如华诚电影电视数字节目有限公司,新华社财经电视、赛迪影视、远景东方、视点文化传播等,凭借母体优势,在政策和资源平台方面占据优势,不过市场化运营方面需要多多学习和调整;二是民营节目制作公司,一些是市场比较资深的公司如光线传媒、欢乐传媒、唐龙国际、本山传媒、海润影视等,企业已经颇具规模,业务范围涵盖产业链不断扩张,内容涉及影视剧产品、动漫产品、微电影产品、纪录片等多个种类,具有较好的发展前景;另外值得关注的是一些新兴的公司,市场嗅觉敏感,往往专注某一类产品,如淘梦、映美、奇树有鱼等纯网内容公司在网络大电影领域表现出色;开心麻花在喜剧领域发展迅速,这些公司凭借出色的市场表现也迎来诸多资本市场的青睐。

影视节目制作公司增强了视听节目内容市场的活力,随着市场的发展,2018年第一季度排名前十的影视内容(电视剧、纯网剧和电影)均大多由传媒上市公司重点参与,这些公司具有丰富的头部剧运营经验和突出的资源实力;整体来看,影视板块,内容端和渠道端(院线、视频平台),资产证券化水平都较高。①

当然,这些公司也面临着重大的挑战。这些风险主要来源于视听新媒体市场竞争的加剧、内容成本的不断提升、运营资金规模不断增加、专业的适合市场需求的专业人才的匮乏等风险,特别是面临2018年资本市场的寒冬,整个行业出现调整的新时期,影视节目制作公司面临着洗牌。当然也面临着政府规制方面的不断完善,需要制作出能够体现出社会发展需求的高水准精品内容。

(5)用户原创内容(UGC)。这种方式是视频网站用户自己通过手机、DV等摄影器材自己设置的作品,通常是对已有的影视及音乐作品进行改编、整合,并赋予一些搞怪、诙谐、幽默的新元素。用户通过把这些作品上传到视频网站,便于同更多用户分享。随着新媒体技术的不断发展,用户原创内容的表现形式也不断多元化,除了作品的分享之外,还包括心得、评论与意见的表达。这种草根内容不仅是网络时代网民主体意识的体现,更是一个视频网站区别于另一个视频网站的关键因素,它是一个视频网站的核心竞争力之一。视频分享类网站的始祖 YouTube 最初便是走原创路线,国内的土豆、优酷等视频分享网站,最初都是靠 UGC 引起用户的关注逐渐形成影响。即使到今天,各大视听新媒体、社交媒体、智

---

① 资料来源:2018年中国影视行业现状及未来发展趋势分析,http://www.chyxx.com/industry/201804/632147.html。

能设备、软件技术、大数据的发展使得用户原创内容制作和分享更加便捷，内容创作门槛进一步降低，不再仅仅由主流媒体或 KOL（关键意见领袖）所主导，用户越来越获得更大的创作空间，只要有一部智能手机，任何人都可以成为视听新媒体内容的创造者。内容信息也随着"互联网＋"时代的到来被更高效率地传播。

随着越来越多用户加入到用户原创内容的行列，两大问题也变得比较突出。一是如何引导用户原创内容从恶意内容转向优质内容，尽管行业成熟度不断提高，政策监管日益完善，用户原创的恶意内容比例不断降低，不过如何引导用户原创内容向优质内容转变，仍然是非常重要的内容；二是如何把用户原创内容进行价值提升，内容付费被广大用户的接受度不断提升，为内容的价值变现提供了可能；三是品牌运营商对用户原创内容的重视，用户原创内容使得内容生产者和内容消费者之间的界限不断模糊，因此用户原创内容也就显得更加真实，能够反映出消费者的心声，进而被消费者所信赖。根据用户原创内容 user-generated content（UGC）平台而著称的 Stackla 最近发布的《2017 年消费者内容报告：数码时代的影响》显示，有 60％被消费者浏览的用户原创内容是被认为是最真实的。正是这种直接的效果导致品牌运营商不断引领用户原创内容的建设。

（二）网络运营商：向平台化发展

网络运营商是传输平台的拥有者和商业模式的主导者，承担着对各种业务进行分类、融合，制定业务推广和用户发展方案，参与新技术的测试和投入使用等职责。工信部数据显示，截至 2018 年 12 月底，互联网宽带接入端口数量达到 8.86 亿个，比上年末净增 1.1 亿个。其中，光纤接入（FTTH/O）端口比上年末净增 1.25 亿个，达到 7.8 亿个，占互联网接入端口的比重由上年末的 84.4％提升至 88％。三家基础电信企业的固定互联网宽带接入用户总数达 4.07 亿户，全年净增 5884 万户。其中，光纤接入（FTTH/O）用户 3.68 亿户，占固定互联网宽带接入用户总数的 90.4％，较上年末提高 6.1 个百分点。光纤宽带发展已经进入全球领先行列,光纤到户渗透率已经超过了韩国(76.8%)、日本(76.7%)、美国(12.6%)等 OECD 国家[①]。

在互动类视听新业务的基础网络服务提供方面,电信网站有绝对优势。IP 电视、互联网电视、网络广播影视等新媒体业务都是运行在基于电信网的互联网资源上。最新数据显示,中国移动的宽带用户累计为 1.566 9 亿户;中国电信的宽带用户累计为 1.457 9 亿户;中国联通的宽带用户累计为 8 088 万户[②]。

表 3.1　　　　　　　　三大运营商宽带运营情况比较表

项目	移动运营商	联通运营商	电信运营商
速度	最慢	居中	最快
价格	最便宜	居中	最贵
稳定性	一般	居中	最差
服务	最好	一般	一般
用户数	最多	最少	居中
用户增长率	最快	最慢	居中
宽带收入	居中	最低	最高

(上述表格情况基本依赖于 2018 年及之前的公开数据整理)

通过上述数据可以看出,在宽带用户方面,中国移动反超中国电信,成为市场中的一匹黑马,为重要业务的增长提供了基础性保障,也为 5G 时代到来和智能化发展打下了良好的基础。同时,中国移动、中国联通和中国电信三家运营商都开始重视建设自己的应用软件平台,中国移动的 MM 商城、中国联通的 UniStore、中国电信的天翼空间,同时进行软件开发。他们不仅仅满足于网络,开始搭建平台,向产业链的上下游拓展。特别是在 5G 时代的布局,三大运营商纷纷在战略、区域、终端层面展开竞

---

① 数据来源:《三家基础电信企业的固定互联网宽带接入用户总数达 4 亿》,http://www.elecfans.com/d/861286.html.
② 数据来源:《三大运营商 2018 年运营数据:中国移动"配齐"三个第一》,https://www.ithome.com/0/406/657.htm.

争,运营内容涉及智慧城市、医疗、教育、电子商务、物流、水利等诸多方面,终端合作伙伴数量不断增加,产业链环节分布广泛。中国移动在5G时代的布局最快,目前,中国移动联合了全球20家终端企业合作伙伴共同启动了"5G终端先行者计划",其中包括高通、华为、联发科技、紫光展锐、英特尔和三星等6家主流芯片企业,还包括OPPO、vivo、小米、三星、联想、HTC、海信、TCL等10家主流终端企业,以及Qorvo、Skyworks、Taiyo Yuden和飞骧科技等4家元器件企业。①

现阶段,网络运营商在整个产业链上仍处于主导地位。随着4G时代的即将终结,5G时代将迎来新的变化。三大运营商不仅面临着内部之间的竞争,同时面临着来自中国广播电视网络有限公司(以下简称中国广电)和中信网络有限公司(以下简称中信网络)的巨大挑战。

中国广电截至2018年底,有线宽带用户总量达到3 856.3万户②,尽管从用户数据看,中国广电远远不如三大运营商,但中国广电的实力也不容小觑。中国广电在内容和政策监管方面具有优势,在网络建设方面也在不断努力,一直致力于全国范围内的有线电视网络的整合,争取在2020年从"一省一网"到"全国一网";同时加快全国互联互通平台建设,在三网融合建设中和三大运营商进行对等互联,逐步将内网流量转化为互联网流量。2019年6月6日,工信部向中国广电发放5G商用牌照,积极推行5G试点工作,使广播电视用户从村村通、户户通向人人通升级换代,提升广播电视全媒体生产规模水平,拓展公共传播渠道。

中信网络是五家当中最后获得商用牌照的,网络基础设施在几家对比当中不是很突出,它的优势在于与市场贴得更近,运营机制更加灵活,中信网络的加入可以进一步激发市场活力,对5G商用提速。另外,中信网络在政企客户、公有云等方面具有优势,长期将对整个骨干网络市场形

---

① 资料来源:凤凰新闻.一文看懂三大运营商5G布局,http://www.360kuai.com/pc/96c099d4af5136a25?cota=4&tj_url=so_rec&sign=360_57c3bbd1&refer_scene=so_1.
② 数据来源:2018年第四季度中国有线电视行业发展公报,https://lmtw.com/mzw/content/detail/id/166562.

成一定的竞争力。

值得关注的是,从 2017 年以后,民营宽带市场也开始呈现增长的趋势,虽然从企业背景还是资金力量等来对比,民营宽带并不占优势,但未来如果国家彻底放开这一块,相信资本也会跟进,未来也是不容忽视的一股力量。

(三)服务提供商(SP):所起作用逐步增大

服务提供商是视听新媒体内容、应用服务、数据服务的提供者,是整个产业的中间环节,属于对产业发展给予支持的部分。收入方式一般是与网络运营商分成。按照提供服务的不同,可以分为以下三种。

1. 内容服务商

承担视听新媒体内容整合和集成,对 CP 的内容进行购买、筛选、集成,以及配合传输平台设计收费标准和对用户进行收费运营商负责搭建网络平台,至于平台上运营什么业务则全部由 SP 负责。Free-WAP 网站,如空中网、3G 门户网很少生产内容,大部分是跟内容制作者进行合作,自己负责内容的集成、整合,并向用户发售;还有一部分内容服务商,也可以叫牌照商,负责内容产品或专题类节目素材的集成以及对 CP 内容进行审核、筛选。

除此之外,内容服务商还需持有《信息网络传播视听节目许可证》,目前有几百家机构被批准获得。在企业合作过程中,这些拥有牌照的企业拥有独特的优势,拥有牌照越多,主动权越大。

2. 软件服务商

为应用软件平台提供软件开发、设计等服务。主要配合网络运营商的增值业务。目前,移动视频、手机音乐、OTT 等涉及此项服务较多;而数字电视、IPTV 等,尤其是前者,相对较少,处于前期引入阶段,尤其是客厅中的电视,规制政策还比较严格。

3. 数据服务商

指为视听新媒体提供数据服务的机构,如尼尔森网联关注有线电视收视率,艾瑞咨询、易观国际等机构关注新媒体市场的数据研究,甚至一些高校研究所等,他们关注视听新媒体市场的发展,进行收视率或视听新媒体用户的分析,为视听新媒体营销提供数据支持。

(四)技术提供商(TP):从基础向专业迈进

技术提供商(TP)为视听新媒体的发展提供硬件技术支持和维护。虽然不处于产业链的核心位置,却至关重要。一般而言,可分为两种,基础网络技术提供商和专业技术研发提供商。

基础网络技术提供商主要指各大网络运营商的技术体系。电信网、互联网和有线电视网各自具有特点,如表 3.2 所示:①

表 3.2　　　　　　　　　三大运营网络比较表

项目	电信网	互联网	有线电视网
商业模式	运营模式为主	自助模式为主	仅缴纳接入费用
垄断性	强垄断性	弱垄断性	中等,区域垄断
拥有者商业收入	很高	很少	很少
收入的来源	针对每个电话收费	接入费	接入费
网络价值	中等	高	中等
主要发展方向	提供数据接入	承载多种应用	提供数据接入
设备供应者	少数传统电信设备供应商	众多的数据设备商,计算机软件、硬件商	小的电视设备供应商
网络设备投资	庞大	中等	很少
网络特征	全球网络	全球网络	区域性网络
主要通信类型	点对点双向	多点对多点双向	点对多点单向广播

专业技术研发提供商主要包括一些系统提供商、芯片制造厂商、客户端和软件开发商等。华为、UT 斯达康、中兴通信等企业经常与联通、电信合作,提供技术支持。独立的技术支持者主要是通过终端上嵌入的应用商城进行开发推广。如苹果的 iPhone 上面自动带有 App Store,上面

---

① 胡汉辉,沈华.网络融合环境下的动态电信规制[M]//于立.产业组织与政府规制.大连:东北财经大学出版社,2006:187.

有很多应用软件，其中包括手机电视的解决方案。用户在 App Store 下载软件，需要向苹果交纳流量费和下载使用费，苹果根据协议与通信运营商和软件制造商进行利润分成。App Store 上的独立技术支持者怀着极大的热情投入到软件的开发上。

随着技术的发展，专业技术研发商也在探索更多的发展空间。以科大讯飞为例，这是一家以语音技术为基础的人工智能企业，在全球权威发布《麻省理工科技评论》2017 年全球 50 大最聪明公司排行榜上，科大讯飞超越了百度和阿里跻身为中国排名第一，成为全球排名第六；科大讯飞的语音 AI 智能技术获得了 7 项世界第一、谷歌举行的全球英文识别比赛中科大讯飞的技术获得了所有指标的第一名。[①] 科大讯飞的崛起，得益于企业在技术开发基础上的战略布局。

首先，以技术服务为主，不断提升技术含金量。早在 2010 年就发布了全球首个开放的智能交互技术服务平台，为移动互联网的很多主流 App 提供服务，如 QQ、微博、滴滴、携程等，提升了自身品牌的影响力；

第二，积极开发自有 App。比较典型的有讯飞输入法、灵犀语音助手、手机铃声、"讯飞语音＋"等，直接与消费者面对面，进行产品领域的深入运营，积累了大量的客户资源和数据资源；

第三，积极与手机、汽车、房地产、电视等智能硬件设备厂商深入合作。2018 年科大讯飞与华为达成了战略合作，将人工智能语音等技术内化为华为手机能力的一部分，合作升级，目标是共同做强人工智能产业生态；

第四，搭建科大讯飞 AI 营销平台。依靠自身海量的数据库和强大的算法能力，与腾讯、京东等平台公司达成战略合作，借助 AI 技术对消费者进行深入挖掘，如科大讯飞可以结合用户朋友圈和公众号的内容偏好和广告产品进行匹配，为广告营销投放提供更为科学的依据；同时创新广告投放形式，真正将文字图片和声音进行有效结合，增加了视听新媒体广告

---

① 资料来源：华为和科大讯飞战略合作！意味着什么，https://www.jianshu.com/p/c9eb519c899a。

的吸引力。

除了上述布局之外,科大讯飞的语音及人工智能技术应用已深入教育、医疗、智慧城市、智能家居、汽车等多个领域,在市场中牢牢占据主导权,成为技术提供商多元化发展的典型。

(五)终端设备制造商:话语权日增

终端设备制造商主要负责研发和推广视听新媒体设备,保障用户能够使用各种应用业务。随着视听新媒体的兴起,收看视听内容的终端产品也从功能非常单一的电视机、收音机扩展到多功能的电视机、电脑、手持类视听终端等多种电子器件。其中,手持终端产品的类型最为丰富,包括手机、PDA、PMP(个人便携式多媒体播录放机)、小型平板电脑、电子书等。同时,我国电视机呈现平板化、多功能化态势;电脑显示终端则向大屏幕、移动化方向发展;手持终端的走势是继续向融合化、智能化方向发展。现在,某种意义上讲,终端设备"电视、电脑、手机"之间的界限越来越模糊,终端设备制造商在产业链中的话语权日趋增强,其整合产业链资源的机会也不断增大。典型案例苹果公司通过 iPhone 以终端为契机进入整个移动互联网行业。同时,推出苹果电视 iTV,向智能电视机拓展。而后,我国很多其他领域的力量如乐视网等也推出乐 TV,向终端设备制造方向发展。

在传媒技术、大数据和智能化大背景下,终端设备厂商的概念发生了很大的变化,不再局限于过去单一的终端设备的生产和制造,而越来越像一个信息聚集的平台。电视不再是传统的电视,变成了家庭信息平台;手机不再只是通话的工具,变成了个人信息平台;连小区入户的通话设备,内容也在不断地丰富,变成社区信息平台;随着智能化的发展,很多终端设备将越来越智能化,如智能冰箱、智能手表、智能音箱、智能空调、智能摄像机等等,他们从一开始诞生就在不断地收集用户的信息,当市场规模达到一定程度,数据就变得越来越有价值,这些终端设备厂商业务拓展的空间就不断显现。

2018 年第 24 届中国国际广告节上,长虹、创维、海信等家电厂家,从媒体人的"金主爸爸",摇身一变也成了媒体,成了广告发布平台,在广告节现场搞起了广告资源推介会,与媒体同台竞技。以智能手机而闻名的小米,从硬件平台入手,逐渐聚集了 2 亿用户,拥有二十多个日活动量千万的超级 App,并积累了海量数据,顺理成章地就推出"小米营销平台"①。

2019 年 7 月 23—26 日期间,OPPO 营销平台分别在北京和上海举办了"OPPO2019 效果广告营销推介会",直接和广告主进行交流和分析,探讨 OPPO 营销平台如何在数据驱动的新营销趋势下,赋能广告营销,解决广告主的营销难题,也拓宽了 OPPO 在整个产业链中的话语权。

(六)用户:胜利的最终审判者

视听新媒体时代,用户可以选择的视听内容消费方式已经多元化,用户消费行为也发生很大变化。郭小平在《论视听新媒体传播的社会影响》一文中,用很大篇幅强调了视听新媒体时代用户的变化。作者整理如下:(1)改变了用户媒介接触习惯。从单向、线性传播到多向、非线性、个性化的互动;改变了黄金时间分布;改变了免费观看的盈利模式;多种媒介共同消费现象的出现;24 小时接触媒介;(2)改变了用户生活方式,提供信息便捷的同时,使得部分用户过度依赖;(3)视听新媒体对用户文化消费的影响,向个性化文化消费形式转变;(4)使得用户越来越多地参与网络政治,越来越注重网络话语权的表达。这一切的变化,使得用户在整个微观市场主体中的作用越来越大。

目前,各大平台都意识到了与用户建立密切而稳固关系的必要性。其中与用户关系最为密切的当属 Netflix,2018 年总营收达到 158 亿美元,同比增长 35%,运营利润较上一年度几乎翻了一倍,达到 16 亿美元。最新的 2019Q1 财报显示,付费用户增长了 960 万,远超机构预测,目前总共拥有 1.489 亿付费流媒体会员。Netflix 的商业模式非常简单:收入

---

① 王薇. 重新定义媒体的时代,要怎么做内容和广告? http://www.sohu.com/a/216664493_211289.

=用户数×会员费。为了让用户不断增加黏性和对平台的认可度,Netflix 也在不断向用户输出"凡是 Netflix 出品,必属精品"的理念①。因此当会员费不断提升的情况之下,依然得到了用户的拥护和支持,会员数量不降反增。这种商业模式也引起了国内网络视频企业的高度重视,纷纷向 Netflix 模式学习,不断增加优质内容来吸引用户。

此外,在争夺用户市场时,用户激励也备受重视。2018 年 Facebook 调整算法,最重要的原因之一就是决定优先发布用户原创内容、而不是品牌发行商的内容,此举可以说是直接激励用户到 Facebook 上进行内容的搭建,不断增加用户原创内容。

国内比较靠前的短视频平台也纷纷展开了用户激励大战,典型的有头条系(西瓜视频+抖音+火山小视频)、百度系(好看视频)、腾讯系(快手或微视)、微博系(秒拍)等巨头,这些平台非常重视用户的参与,用户原创内容量远远高于专业内容生产机构的内容,以几何级爆炸速度增长的背后,是利用算法增加用户兴趣,通过增强粉丝和附近的人推荐量来参与用户导流,如抖音本身定位于"记录美好生活",将用户的需求作为重要目标;而好看视频的激励更加多元,如直播答题模式、创新有奖答题模式的收徒激励机制,利用现金对用户活跃度的刺激,使得大量短视频让用户获利,平台也快速崛起。在此基础上,进一步提出了"深度原创"的概念,既要吸引大量的有一定质感的内容原创作者,又要提供更加强大和专业的应用,让用户参与创作向"专业作者"转型。以此来增强内容创作,来解决短视频重流量轻内容的诟病。

随着视听新媒体形式的不断多样化,越来越多的平台意识到,只有得到了用户的肯定和认可,才能最终在市场上脱颖而出,克敌制胜。

二、博弈:三网融合背景下微观市场主体身份的多元化发展

我国视听新媒体业务发展非常迅速,技术体系还在不断创新,游戏规

---

① 他山之石:国外视频网站的会员模式现状. http://www.c-gbi.com/v6/6807.html.

制尚未完全建立起来,整体看来还处于一个互相博弈的过程。

对于视听新媒体市场,多种力量开始介入已是不争的事实。传统广电媒体、平面媒体、互联网、通信等媒体或企业依托不同的优势进入新市场,试图围绕自身的优势,构建适合自己的产业结构。在市场结构确立的过程中,所有力量都在博弈,主导权之争日趋激烈。"内容服务—集成—发布分销—终端—消费"的视听新媒体产业链在融合竞争格局下开始重新建构,市场主体价值链拉长加宽。

内容提供商(CP)和集成商、网络运营商、服务提供商(SP)、技术提供商(TP)、终端设备制造商、用户,都开始向多重身份转变,彼此之间的合作模式也日益增多。比较有代表性的有以下两种:

"终端+内容+应用"的捆绑协同销售模式,开始以新的方式整合视听新媒体市场。如乐视网利用互联网内容和平台的优势,向终端进军,生产乐TV,整合资源;很多终端生产企业也开始注重内容的整合,青岛海信传媒网络技术有限公司总经理简志敏先生表示,"电视机已不再是一个显示终端,而是跟各位运营商在一起需要紧密合作的终端"。在实践中,华数传媒将为海信每年数百万台的互联网电视提供内容服务,海信传媒作为华数NGB市场的技术服务商,共同开发全国数千万用户的NGB互动电视潜在市场;

"软件+平台"的发展模式,在互联网领域,腾讯是"软件+平台"模式的成功实践者,凭借QQ客户端软件的庞大用户群体和较强用户黏性,实施平台发展战略实现经营业绩快速增长。在此基础上,腾讯不断延伸其产品线,包括QZone、QQ游戏等新服务形成有效渗透率。通过发展移动增值业务,腾讯就将成功模式复制到移动互联网,"QQ+手机"平台实现互联网服务的扩展。

随着智能化和大数据的不断发展,微观市场主体的身份还在不断变化,产业链条不断被拓宽和延伸,彼此之间的关系也从单纯的"竞争"或"合作",转变为"竞合",既竞争又合作,在竞争中合作,在合作中竞争。

三、政府规制对视听新媒体市场发展的局限

1. 规制机构实行多头管理，市场准入条件模糊

我国对电信和广电业务的规制由工信部和国家新闻出版广电总局分别行使。互联网由两大部门同时规制。由于我国的社会体制和政治制度的特点，实际上发改委、中宣部、文化部等部门也参与规制。多头规制对视听新媒体市场发展的不利主要表现在三个方面。

（1）对视听新媒体市场具体发展情况做全面了解很难，每个部门只是对具体规制领域的情况较为了解，因此在针对视听新媒体市场制定规制制度的时候，难免犯"只重局部而忽视整体"的错误。

（2）给视听新媒体微观市场主体带来了麻烦。从市场准入到市场运营的过程中，视听新媒体企业都要与规制机构打交道，因为规制机构的数量较多，给视听新媒体企业带来巨大的"制度成本"，如第二章所述行政审批制度，受视听新媒体市场利益驱动，目前，介入该领域的微观市场主体数量越来越多，要想进入视听新媒体市场，需要经过多个政府规制部门的审批才可以，需要企业花费大量的时间和精力。

（3）市场准入条件模糊。随着三网融合的不断发展和深入，微观市场主体向产业链上下游整合已经成为视听新媒体市场发展的一大特点。视听新媒体企业面临的不再是单一的网和屏，而是多张网多张屏。因此需要不同的规制部门能够达成统一的意见，明确市场准入条件。尤其是涉及"电视屏"，一向规制严格。那么，到底允不允许企业对于不同的行业相互进入？如果允许的话，这些企业具备什么样的条件？有哪些业务是相互允许的？这些市场准入条件需要明确。

2. 规制政策严重滞后，规制的统一标准缺乏

我国对视听新媒体的规制多数处在原有媒体规制政策的延续，对于新出现的市场业态，很多还处于政策滞后，如市场准入方面的严格管理，以及规制政策空白的状态；如对交叉市场业务相互准入方面。规制政策的滞后和空白，阻碍了视听新媒体市场的健康发展。

此外,规制标准的统一问题,如内容规制标准、技术标准等,存在统一难和执行难等问题。以技术标准为例,存在的现实的难题:是否支持标准化和支持以哪种技术作为标准,面临着信息和时间安排。如果政府行动过早,信息较少,标准制定可能是不合理的;如果过迟,产业会形成一种特定的技术标准,而且这个标准也不见得最好。另一个难题是,政府为了克服过度惰性采取措施促进技术转换,但这种政策是否选择了正确的技术和选择是否合适都存在问题[①]。在手机电视市场,由于全国性权威的手机电视技术出台标准较晚,监管滞后,目前一些参与手机电视业务的公司持观望态度,导致手机电视推广困难。有些地方,甚至手机电视业务基本空白。由此可见,标准的出台,对于视听新媒体行业的发展至关重要。而政府在这个方面面临着各种各样的难题。

3. 规制难度增大,规制效果较差

我国没有专门的《广播法》或《电信法》,本身对媒体规制的法律法规就处于较弱的状态。在传统媒体时代,由于单向传播特征,媒体市场结构较为单一,政府规制所面临的挑战较小。而视听新媒体的出现,视听节目制作和媒体运营机构的数量在不断增加,使得市场结构更为复杂,产业链出现融合交叉的现状,用传统媒体的规制模式对这些市场主体进行规制几乎是不可能的。以网络视频为例,节目内容可能来自地球的任何一个地方,国内的法律法规很难有效,使得规制出现困难,规制效果较差。

同时,一些针对视听新媒体的法律法规,如《关于加强互联网视听节目内容管理的通知》(详见附录三)等,大部分为广电总局颁发,法律规章的层次比较低,部门利益冲突严重,执行力差。在地方,对法律法规的理解和执行更是存在不同的理解,随着视听新媒体市场的发展,当违法传播视听节目出现时,源头可能在异地,这时候由于各地认识的不同,执法依据不足,导致效果不好。这种状况对于视听新媒体市场的发展而言,增加了很多不确定因素。

---

① 张耀辉.产业组织与规制[M].北京:经济科学出版社,2006.

四、政府失灵:政府规制需调整

所谓"政府失灵",是指由于政府机制存在的本质上的缺失,而无法使资源配置效率达到最佳的情形①。由于视听新媒体市场的发展,所表现出来的政府规制负面作用的出现,从根本原因上讲,是因为政府失灵导致的。因此,政府规制也面临着调整和改革,主要有以下几个方面。

1. "三网融合"之理想融合尚需时日,政府规制需协调不同部门、不同层级之间的利益关系

一方面,国家大力推进"三网融合"进程,理想状况是,电信网、广播电视网和计算机通信网的相互渗透、互相兼容、最终整合成为全世界统一的信息通信网络,实现网络资源的共享,避免低水平的重复建设,形成适应性广、容易维护、费用低的高速宽带的多媒体基础平台。如果这种状况实现,无疑,视听新媒体的问题迎刃而解。然而另一方面,在现实当中,"三网"真正融合尚需时日,三大产业竞争激烈(如下),一边为融合积极准备,另一边在为维护各自的利益互相掣肘。

表3.3　　　　　　　　　三大产业融合前竞争示意图②

博弈视角	博弈层级	博弈角色	竞争深度
宏观层面	产业层级	国家新闻出版广电总局、工信部	广电方面深度介入监管
中观层面	企业层级	互联网、电视台、电信运营	广电与互联网企业积极参与、电信发挥渠道优势
微观层面	业务层级	短视频、视频分享、网络电视、网络电视台、影视点播、视频门户等各类视频网站	平台的激烈竞争:用户之争、内容之争、广告营销之争

2. "政企不分"的管理体制在视听新媒体领域弊端重重,需要转变政府规制机构职能

广电行业和电信行业的行业主管部门与相关监管部门是合一的,即

---

① 李文良.中国政府职能转变问题报告[M].北京:中国发展出版社,2003.
② 范金鹏,刘骞,丁桂芝.三网融合大时代[M].北京:清华大学出版社,2012.

相关政府部门既负责制定指导行业发展的宏观政策,又承担对行业内企业的政府监管职能。由于历史发展沿革,在政企不分的年代,无论是广电还是电信行业,政府部门本就承担着企业职能;随着体制改革的推进,尽管政府部门和企业在形式上逐渐分离,但承担宏观政策制定和规制职能的政府部门和相关的行业企业却依然"情同母子",在很多场合都表现出"舐犊情深"的"温馨"场面,如电信广电相互发牌不对等严重,行业垄断仍难破除。广电系国有 CNTV 获得首张"互联网电视牌照",接下来的几张也将由国有广电系公司所得,这样广电系将对互联网这个开放平台进行很大程度的内容垄断,民营资本将很难或无法进入互联网平台,对于互联网电视这个新兴的开放平台而言,垄断将不利于其产业链的发展和完善。

3. 原有政府规制问题及其在视听新媒体领域的延续,急需改善

政府对传统媒体规制的过程中,取得了一定成绩,但也出现了系列问题:(1)规章政策不系统。我国国家新闻出版广电总局发布的法规政策文件有数个重心,但法律政策规章体系并没有与之相对应地形成。我国很多传媒政策都是依照发展现状而下达,缺乏内在的系统性。(2)规制方式较为单一。媒体发展不成熟,成熟的专门的法律法规缺失。同时,现有的文件政策,大多数属于限制性而非保障利益性文件,具有滞后性。对于问题的预警、问题的彻底解决,还需采用多种手段,鼓励和惩治并重。(3)对违反规制的惩治力度不够。目前很多惩治以教育、罚款为主,但当利益寻租超过这些惩治时,就会出现很多政令不通、政令规制效果差的问题。以上是部分政府对媒体原有规制出现的问题,这些问题在视听新媒体领域得到了延续,同时又衍生出了很多新的问题。

4. 为避免寻租行为的发生,应加强对政府规制的规制

寻租是指在某种政府保护的制度环境中个人寻求财富转移的活动,或者追求非生产性利润的活动。在政府干预的情况下,寻租者从政府那里寻到了某种特权,从而某项资源具有垄断权,或者任何其他方面的政府庇护以保证寻租者按照自己的意愿生产。寻租行为的结果导致社会资源的浪费,主要表现在:首先,为了获取租金,寻租者需要花费时间、精力和

金钱,这种活动对社会没有任何效率;如果寻租行为得到实现,相关生产者和消费者将因为政府的干预而付出代价,这种代价的总和比寻租者所得到的利润额还要高,此外,整个社会也同样为此行为付出"道德成本",甚至政治的成本①。这种现象突出表现在视听新媒体企业的市场准入方面,政府规制采取的行政审批制度,给寻租提供了空间和土壤,详见本书第二章内容。同时,"牌照"制度的施行,使得具有国资背景的一些市场主体获得了特权,对一些民营企业来讲,就可能通过寻租行为,来获得市场的迂回进入。这些现象都要求我们加强对政府规制的规制。

　　政府规制是规制者和规制对象的一种互动活动。我们可以理解绿灯理论者对现代行政程序的积极设计的努力,这种努力体现了政府规制是规制者对被规制者尊重的过程,而不是相反。政府规制通过对程序的尊重,意味着行政活动不再仅仅是规制者执行法律和政策的过程,一个使民众放弃主动性与积极性而过多地屈从于精英基层决策的过程。因此,政府规制本身就包含着规制政府的要求。② 因此,在对视听新媒体进行政府规制的同时,需要加强对政府本身的规制。(1)政府要明确管理界限,不能越权管理。第一次限定,政府作用应严格限制在市场失灵的范围内;第二次限定,政府干预应限于能够修补的市场缺陷之内;第三次限定,政府干预应同样遵循成本收益原则。③ (2)要强化监督。企业、行业组织和社会媒体等发挥监督力量,防止寻租行为的发生。

　　从以上方面来看,视听新媒体市场的发展与政府规制之间出现了很多矛盾,政府失灵现象出现,急需进行政府规制的调整。政府不是万能的,有自己的能力界限,只有在自身的能力范围之内政府才可以有所作为,而一旦超出了自己能力的边界,政府失灵也就在所难免。

---

① 李文良.中国政府职能转变问题报告[M].北京:中国发展出版社,2003.
② 潘伟杰.制度、制度变迁与政府规制研究[M].上海:上海三联书店,2005.
③ 资料来源:胡税根,论新时期我国政府规制的改革,http://wenku.baidu.com/view/e4e14364caaedd3383c4d36b.html.

第二节　市场失灵与政府规制的正当性和合理性

一、市场机会主义与政府规制

新制度经济学家威廉姆森认为，人们在经济活动中总是尽最大能力保护和增加自己的利益。自私且不惜损人，只要有机会，就会损人利己。[①] 损人利己的行为可分为两类：一类是在追求私利的时候，"附带地"损害了他人的利益，例如化工厂排出的废水污染了河流，另一类则纯粹是以损人利己为手段为自己谋利，如坑蒙拐骗、偷窃。机会主义行为使各种社会经济活动处于混乱无序状态，造成资源极大浪费，给社会带来难以估计的损失，阻碍了社会的发展。具体到视听新媒体，市场机会主义的表现主要体现在市场问题的出现。

首当其冲的便是盈利模式的问题。前文所述，视听新媒体独具自身的特点，决定了其盈利方式也更加丰富和多元。除了传统的广告收入外，版权分销、服务托管、线下活动等多种营销模式在视听新媒体营销模式中均有所体现。具体如表 3.4 所示。

表 3.4　　　　　　　　视听新媒体盈利模式比较表

媒体类别	盈利模式
网络广播影视	广告模式、活动营销、直接付费、版权分销、业务托管等
手机电视	广告模式、包月收费、按次收费模式等
IP 电视	广告模式、包月收费、按次收费、线下活动、电子商务等
互联网电视	广告模式、包月收费、按次收费、电视机终端厂商销售分成、线下活动、电子商务等
CMMB	广告模式、与运营商收费捆绑、手机终端厂商销售分成、信息服务等

---

① 资料来源：http://baike.baidu.com/view/1431933.htm.

续表

媒体类别	盈利模式
公共视听载体	广告模式、为政府提供服务、为公交等行业提供服务、与零售商合作提供服务等
短视频	平台补贴、广告植入、电商营销、信息流广告、付费直播、电商变现分成、版权收益、会员增值服务、知识付费等

资料来源：作者根据国家新闻出版广电总局研究中心相关内容和公开资料整理。

由表3.4可以看出，广告仍然是视听新媒体产业的主导盈利模式，内容付费被越来越多用户认可成为视听新媒体产业的重要盈利模式，其他盈利模式还处于探索阶段，尚未成熟。从收入看，大部分视听新媒体都已经规模过亿，但是难挡带宽成本和内容成本的巨大压力，仍然处于成本消耗阶段。从广告盈利模式看，因为本身历史较短，还存在广告形式单一、广告价格体系不健全、广告监管出现真空带、广告效果监测缺失等问题。

其次是版权问题。主要有两个问题较为致命：一是盗版问题，二是版权价格的飙升。得益于数字技术的发展，视听新媒体为用户提供了更多的服务，如数字电视为用户提供的"时移、回看"功能、网络视频为用户提供的大量影视作品、短视频产品等等，引起了版权问题的争议。尤其是视频网站，民营起家，一直遭遇全面的"版权危机"，几乎所有的视频网站都卷入过版权诉讼的风波中。在大部分已审结的案件里，如土豆诉讼案，视频网站多以败诉结局。尽管如此，很多视频网站仍然依赖于盗版，然而盗版对视频网站的危害是长期而巨大的，无异于饮鸩止渴。2019年被称为是视频版权的元年，近两年，随着政策的限制和广告商的抵制，盗版现象越来越少。很多视频网站借鉴国外Hulu的正版模式，如百度奇艺等，取得了良好效果。与此同时，另外一个问题接踵而来，就是版权费的飙升。随着版权之争的不断升级，电视剧的购买价格频频出现"天价"数字，不断刷新行业纪录。据调查，2011年出产的电视剧中，《后宫甄嬛传》的电视台与网络合计版权销售价格接近 400 万元/集,堪称全年售价最高的电视剧[①],其中网络版权价格为 30 万元/集。而 2017 年同作者 IP+原班人马打造的《如懿传》网络版权价格已激增至 900 万元/集。由于头部内容能够大幅增加视频网站影响力,行业巨头对版权的争夺进入了白热化阶段,头部版权供不应求叠加制作成本上升因素,使得视频网站的外购成本压力不断加大。[②] 面对不断提升的版权压力,视频播放平台开始由网络独播据,变成几家分摊成本,2016 年 12 月将《我的前半生》网络独播权签给爱奇艺,而爱奇艺后续将版权分销给了腾讯视频与优酷。由此可见,为分摊播出风险和播出成本,很多平台开始从以独播据为主的时代,过渡到了以少数头部视频作品独播,大部分进行版权分销的时代。

国内近几年典型影视剧网络版权费用如表 3.5 所示。

表 3.5　　　　　　　国内近几年典型影视剧网络版权费用

剧目	上线时间	单集网络售价(万元)
《武林外传》	2006	0.125
《潜伏》	2008	1
《大秦帝国》	2009	2.5
新《三国演义》	2010	15
《西游记》	2010	28
《甄嬛传》	2011	30
《宫锁珠帘》	2011	185
《太平公主秘史》	2011	200
《龙门镖局》	2013	80～90

---

① 数据来源:http://www.ce.cn/culture/whcyk/gundong/201201/06/t20120106_22979643.shtml.

② 数据来源:2018 年中国影视剧行业版权费及视频平台内容成本分析,http://market.chinabaogao.com/chuanmei/04932U542018.html.

续表

剧目	上线时间	单集网络售价(万元)
《花千骨》	2015	130
《芈月传》	2015	500
《盗墓笔记》	2015	500
《琅琊榜》	2015	600 左右
《幻城》	2016	400
《老九门》	2016	350＋分成
《孤芳不自赏》	2017	1 000
《如懿传》	2018	1 100
《长安十二时辰》	2018	1 220
《都挺好》	2019	1 450

资料来源:作者根据公开资料整理。

第三,产业重构带来新的矛盾。在媒介融合大背景下,市场主体价值链拉长加宽,视听服务产业链开始重构。"内容提供商—内容集成商—平台运营商—终端厂商—用户"是视听新媒体初步形成的产业链。随着市场竞争的不断加剧,产业链各环节的运营主体都想以自身为核心完成对产业链上下游的整合。如苹果将"终端＋内容＋应用"的捆绑协同销售模式发挥到极致,给很多市场主体带来启示。广电系统凭借内容优势,也谋求在终端和应用方面与内容比肩。另外,大数据渗入各个环节,将不同链条上的运营主体身份变得多元化,因此产业链上的主导权竞争日趋激烈。

纵观整个产业链,除了上述运营主体之外,还有牌照商不容小觑。内容运营商、终端厂家、运营平台和牌照商之间的博弈一直都在。早在"小米盒子"刚开始运营的时候,便将整个OTT行业的监管问题展现出来,时至今日,这些电视盒子基本选择与牌照商合作,具体如表3.6所示。

表 3.6　　　　　　　主流电视盒子与牌照方合作情况表[①]

品牌		牌照方	其他资源
小米	小米 3S	GITV、CIBN、华数、芒果 TV	爱奇艺、搜狐视频、腾讯视频、华数 TV、PPTV
华为	华为盒子	GITV	爱奇艺
	华为荣耀 Pro	CIBN	CIBN 环球影视、银河·奇异果、云视听、芒果 TV
天猫	天猫魔盒	华数	华数、阿里影业、优酷、土豆
腾讯	企鹅盒子 Q1	南方传媒	腾讯视频、云视听
乐视	乐视盒子 U4	CIBN	乐视视频
创维	创维盒子 i71S	GITV	爱奇艺
	创维 M300	湖南电视台	芒果 TV
	创维 Q+	CIBN	腾讯视频
	创维 A5	南方传媒	腾讯视频、云视听

由表 3.6 可知,电视盒子与不同牌照商合作,内容方面会有不同。一些大型的视频网站平台也因为牌照的问题选择与不同的牌照商合作,由此拓展在内容方面的产业链条。牌照商因为政策优势,成为产业链中不可忽视的一部分,然而现实执行过程中,受体制等因素影响牌照商的主导地位并没有完全体现出来,一些资本实力雄厚的运营主体更具优势,这点对牌照商来说是需要突破的压力。

因此,视听新媒体运营产业链上的竞争日益激烈,运营主体的身份也不断变化,国内知名新媒体研究学者陈永东表示[②],国家相关政策已不能适应新媒体时代快速发展的要求。迫切需要国家相关管理部门,调整规制政策,进一步规范和刺激视听新媒体产业的发展。

[①]　资料来源:电视盒子、牌照商和视频内容之间的关系,http://www.360kuai.com/pc/9fac6001f976a426c? cota=4&kuai_so=1&tj_url=so_rec&sign=360_57c3bbd1&refer_scene=so_1.

[②]　徐芳. 小米盒子,三网融合的鲶鱼? http://www.sarft.net/a/58692.aspx.

二、公共物品、外部性与政府规制

目前被广泛接受的公共物品是每个人消费这种物品不会导致别人对该物品消费的减少,是指一定程度上共同享用的事物。① 一种物品,如果能够被认为是公共物品的话,它必须同时满足两个条件,或者说,公共物品具有两个基本特征:一是供应的相关联性,即一个人对该物品的消费不会减少任何其他人对该物品的消费份额;另一是排他的不可能性,即任何人都可以消费它,同时任何人都不可以也不可能阻止其他人消费它②。值得强调的是,公共物品并非都是有益的,也有公害物品,以环境污染最典型。具体到视听新媒体领域,虚假广告等问题则属公害物品。

那么,视听新媒体产品到底是不是公共物品呢? 在我国,早期媒体内容产品被认为应该全部是"公共产品"。但是,随着视听新媒体的发展,内容产品中的"私人产品"属性和"私人产品"类型日益增加,如表 3.7 所示。

表 3.7　　　　　　需求维度与产品维度的 9 种组合③

产品维度 需求维度	私人产品	准公共产品	公共产品
私人需求	1	2	3
部分共同需求	4	5	6
共同需求	7	8	9

由视听新媒体传播特征所决定的,其产品必然越来越重视用户的个性化需求,由此从第 9 领域向第 1 领域偏离。不过,部分视听新媒体产品,如新闻尤其是时政新闻,还是公共产品,为防止市场失灵现象出现,还需要政府规制。

Holtermann 认为由于公共物品和外部性都存在严重的市场机制失灵

---

① 在 1954 年的《公共支出理论》中,萨缪尔森定义的是集体消费物品;在 1955 年的《图解公共支出理论》中,萨缪尔森提出了公共物品的概念。虽然他在定义时依然定义的是公共消费物品,但从后文的论述来看,公共消费物品等价于公共物品,也等价于集体消费物品。
② 潘伟杰.制度、制度变迁与政府规制研究[M].上海:上海三联书店,2005.
③ 张志.数字时代的广播电视规制与媒介政策[M].北京:中央民族大学出版社,2012.

情形,外部性物品经常被认为是公共物品,但值得注意的是,并非所有外部性物品都是公共物品,也并非所有的公共物品都是外部性物品。[1] 按照萨缪尔森的定义,外部性是指,当一种活动的成本或效益自动地"外溢"到其他人和厂商时,外部性事件就发生了。视听新媒体产业同传统媒体一样,具有外部性。主要表现在以下几个方面。

第一,文化安全问题。视听新媒体的广泛应用,所产生的文化生态提升了资讯的密集度和复杂性,文化主体也被不由自主地客体化,文化价值观念也被这个媒介系统淡化,使得新时期文化安全形成了新的特点。[2] 首先是对国家主权文化的维护,如我国的"社会主义核心价值理念"。视听新媒体的话语权不断提升、影响力不断扩大的同时,在遇到重大事件、突发事件时更需要引导舆论,以维护社会稳定和经济发展;其次是对国家或区域文化的维护,如欧洲《视听媒体服务指令》的制定,非常注重广播电视的文化特性和公共服务功能,试图保护所谓的欧洲传统核心价值,如多元性、文化差异性(特别是关于国家身份认同的保护),以及公民的广泛参与权。

第二,传统把关遭遇颠覆,媒介素养亟待提升。在网络出现之前,报纸、杂志、广播和电视等媒体承担着信息大众传播的主要角色,他们作为"职业把关人"为受众筛选信息;而视听新媒体将职业把关人颠覆,普通用户变成"新闻记者",参与信息互动和分享。进而带来了大量的信息,即丹尼斯·麦奎尔指出的信息过剩和信息超载[3]问题,这就需要视听新媒体用户提升媒介素养,"自我把关"。一方面能辨别虚假信息和不良信息,提高批判性阶段信息的能力;一方面能筛选有用信息,特别是知识性信息,提升社会认知;同时还要提升法律意识和自律意识,创造良好的新媒体语境。但目前,视听新媒体发展时间短暂,用户的媒介素养在转型期还有待提升。

第三,信息自由与个人隐私的矛盾。信息自由主张媒体和个人具有传播信息的自由,视听新媒体强烈的互动性特征,使得信息自由度空前提升。

---

[1] 沈满洪,谢慧明.公共物品问题及其解决思路[J].浙江大学学报,2009(11).
[2] 曹星.论新媒体中文化安全新走向,http://www.docin.com/p-368413788.html.
[3] [英]丹尼斯·麦奎尔.受众分析[M].北京:中国人民大学出版社,2006.

然而,自由度也是有限制的。"权利范畴标志着人们应该、能够或者实际做出某种行为的自由度"。[①] 随着社会生产力水平不断提高,人类社会逐渐走向文明时代,社会关系日趋复杂,隐私范围不断扩大,隐私观念得到进一步发展,延伸到个人生活秘密上。如"赵红霞"事件中,其家人信息被泄露并聘用律师进行维权,等等。视听新媒体的出现,使得信息传递便捷的同时,也使得公民隐私保护意识增强,不过相关法律法规的制定仍比较滞后。

三、市场失灵:政府规制的正当性和合理性

市场失灵是指对于非公共物品而言由于市场垄断和价格扭曲,或对于公共物品而言由于信息不对称和外部性等原因,导致资源配置无效或低效,从而不能实现资源配置零机会成本的资源配置状态[②]。换言之,市场不是万能的,客观上存在着市场调节所不及的领域。市场机会主义和公共物品、外部性等特征的存在,使得视听新媒体在发展过程中,出现了系列问题,具有典型的市场失灵的特征。因此,市场失灵也需要政府进行规制。主要表现在以下几个方面。

首先,垄断降低市场效率。市场机制的有效作用是以充分竞争为前提的,但在现实经济中,自由竞争的结果往往导致垄断的产生。视听新媒体市场化趋势日益明显,市场格局也呈现出"马太效应"[③]。而一旦产生垄断,将会限制竞争的充分展开,降低市场效率。

其次,市场调节资源配置是通过供求和价格的波动来实现的,这种调节是一种事后调节,带有一定的盲目性和自发性,特别是在市场不完善的情况下,价格对于供求的调节,从不平衡到平衡往往需要一个较长的过程。在视听新媒体内容产品市场上,具有极大的不稳定性。如近几年版权价格一路飙升,造成了大量的内容产品生产过剩,浪费了资源,必须由政府加以引导。

---

① 林喆. 权利的法哲学——黑格尔法哲学研究[M]. 济南:山东人民出版社,1999.
② 资料来源:http://baike.baidu.com/view/133483.htm。
③ 马太效应是指强者愈强、弱者愈弱的现象。广泛应用于社会心理学、教育、金融以及科学等众多领域。

最后，市场不能有效解决某些社会公共物品与服务的供给。由于市场经济中的决策主要是由自主经营、自负盈亏的企业分散进行的，而企业是以利润最大化为目标而进行产品的生产、决策的，而对"公共物品"属性关注过少。视听新媒体虽然日益从"公共物品"向"准公共物品"乃至"私人物品"过渡，但是，与生俱来的"公共物品"属性和由此带来的"外部性"等问题，市场无能为力，还是需要政府进行调节。

从以上方面来看，市场也不是最理想的。市场失灵的存在，决定了单纯的市场调节难以保证资源配置合理化，也难以保证视听新媒体市场的协调发展，从客观上给予了政府进行规制的理由。

第三节 关键：正确处理好"政府"与"市场"的关系

一、正确认识市场失灵与政府失灵的关系

通过前面两节的阐述，可以看出由于市场失灵和政府失灵现象的存在，视听新媒体市场的发展，一方面要摆脱政府规制的束缚，一方面又离不开政府规制。因此，正确认识市场失灵与政府失灵的关系，变得十分重要。

政府与市场之争可以说贯穿了整个人类社会发展的历史进程，古今中外，对政府与市场的争论从未断过。亚当·斯密奉行经济自由主义，认为政府只管"法律和秩序"，保护以私有财产为核心的生命、自由等权利；凯恩斯主义正好相反，认为政府要对经济积极干预。以"国有化"和"经济计划化"为主要特征。随着经济的发展，到现在广为接受的是政府和市场的作用同样重要，相当于人的两只手，缺一不可。市场机制是"一只无形的手"，政府则是"一只有形的手"，在全球化的今天，必须在两者之间找到平衡。

涉及媒体，上述市场失灵与政府失灵之间的关系也符合上述理论的变化。只是因为媒体所具有的特殊属性，二者之间的关系更为复杂。从本质看涉及言论自由、政府与媒体之间的关系等因素，从历史上看，也是处于不断争论和变化的过程当中的。主要分为以下几个阶段。

第一阶段,讨论的焦点集中于"言论自由",认为政府不应该对媒体进行规制。

言论自由(freedom of speech)是指从享有得以口头、书面或其他形式获取和传递各种信息、思想的权利,它包括三方面的自由:(1)寻求、接受信息的自由。人类为了生存和发展必须认识和改造主、客观世界,必须组成社会和进行交往沟通,为此,就要寻求和接受前人和他人的经验,享有寻求和接受信息的自由。(2)思想和持有主张的自由。寻求和接受到的信息,成为思想的资源,经过加工成为思想和主张、意志,这种思想、主张、意志不受干扰和禁锢,否则发展将会停止,生命将受到威胁。(3)以各种方式传递各信息、思想和主张的自由。言论自由是人们认识、接受、发展和传播知识、经验及真理的重要形式①。秉承这一思想的传媒人士认为,"让所有有话要说的人们自由地表达自己。真实与合理将得以生存。虚假和谬误将被征服。政府应置身于战斗之外,勿对任何一方产生倾向"。② 以此为代表的理论研究将言论自由看成是绝对的,公众话语权利领域中的表现形式,是行使其他权利的重要前提和保障,而政府则应对个人和媒体不加干涉。

第二阶段,人们认识到自由不是绝对的,而是相对的,为了更好地保护言论自由,政府应该进行媒体规制。

1950年《欧洲人权公约》第十条保障了言论和信息自由:每个人都享有自由表达的权利。这权利将包括持有观点的自由、接受和告知观点信息的自由,这些自由不受政府的干涉。不应当妨碍国家要求广播、电视或电影实业获得许可证。因为伴随着义务和责任,这些自由的行使可能会受制于法律所规定的、民主社会所必要的形式,条件,限制或处罚。这些措施是出于国家安全,领土完整或公众安全的考虑,为了防止混乱或犯罪,为了维护健康或道德伦理,为了保护他人的名誉和权利,防止隐私被暴露,或为维护司

---

① 赵文广. 论言论自由权的界定与保障. 中国论文下载中心. http://www.studa.net/zhengzhiqita/070518/14470112-2.html.
② [美]费雷德·S.西伯特. 报刊的四种理论[M]. 伊利诺伊出版社,1963.

法权威和公正。① 1976 年 3 月生效的《公民权利和政治权利国际公约》第十九条规定:"……本条第二款所固定的权利的行使带有特殊的义务和责任,因此得受某些限制,但这些限制只应由法律规定并为下列条件所必需:(甲)尊重他人的权利或名誉;(乙)保障国家安全或公共秩序,或公共卫生或道德"。第二十条规定:"任何鼓吹战争的宣传,应以法律加以禁止;二、任何鼓吹民族、种族或宗教仇恨的主张,构成煽动歧视、敌意或强暴者,应以法律加以禁止。②"

在我国,宪法确认公民享有言论自由。根据《中华人民共和国宪法》第三十五条:中华人民共和国公民有言论的自由;对于任何国家机关和国家工作人员的违法失职行为,有向有关国家机关提出申诉、控告或者检举的权利,对于公民的申诉、控告或者检举,有关国家机关必须查清事实,负责处理。任何人不得压制和打击报复。但同时规定,公民在行使言论自由权利时,不得破坏社会秩序,不得违背宪法和法律,不得损害国家的、社会的、集体的利益或其他公民的合法的自由和权利。

对言论自由相对性的大讨论以及法律形式的保护,提供了政府介入媒体进行规制的充分理由。世界各国都对传媒行业实行规制,而且绝大多数认同以一定的规制来确保媒体有组织、负责任。在实践中,政府一方面要保护言论自由,另一方面,要通过发牌制度、审批条款、限制条件甚至是处罚来履行附带的义务和责任。

第三阶段,政府对媒体规制不断专业化和细化,同时注重发挥市场的作用。

随着社会政治、经济、文化的发展,传媒数量不断增多,其市场化与商业化价值取向不断增强,政府与媒体之间的冲突集中表现在市场利益膨胀与公共利益的陷落。为了消除冲突、保证传媒功能的发挥,政府加强了对传媒的管理,一方面制定出台相应的法律、法规,强制规范传媒活动。另一方面,

---

① [英]马克·史蒂芬斯. 媒体规制——观点的自由市场?[M].//清华大学新闻与传播学院. 全球传媒评论. 北京:清华大学出版社,2012.
② 陈欣新. 表达自由的法律保障[M]. 北京:中国社会科学出版社,2003:199.

通过社会途径强调传媒的社会责任、伦理道德。出现了一些社会力量和行业自律，协助政府对传媒行业进行监督。但是，新媒体的发展，市场驱动力量增强，给政府对媒体规制带来了严峻的挑战。这种现象引起学者们的广泛关注，认为必须进行政府规制改革，注重发挥市场的积极作用。

我国对视听新媒体的政府规制，从表面看是处于第三阶段，但实际上，受前两阶段规制思想的影响，还是非常大的。因此，上述三个阶段的梳理，有助于我们更好地理解政府失灵与市场失灵在视听新媒体规制过程中的关系。

二、进一步确立视听新媒体的市场主体地位

视听新媒体政府规制，要正确处理好"政府"与"市场"的关系，必须进一步确立视听新媒体的市场主体地位，这是政府规制改革能否成功的关键之一。企业在市场中的主体地位主要体现在三个方面：企业是以实现利润最大化为主要目标的经济实体；企业是自主经营、自负盈亏的商品生产者；企业是具有独立法人地位的法律实体[①]。上述特征的前提条件是完全的市场经济体制下，企业在市场中的主体地位所具有的特征，我国是社会主义市场经济体制，从大的环境而言，完全的市场经济体制是不可能实现的。对于视听新媒体而言，虽然市场特征较为明显，但从本质上隶属媒体，相对其他行业，政府规制仍然比较严格。因此，充分考虑到市场失灵和政府失灵在媒体市场中的关系，笔者认为应该在现有基础上，进一步确立视听新媒体的市场主体地位。

首先，要进行产权改革，建立产权清晰且明确的视听新媒体企业。1991年的诺贝尔经济学奖获得者科斯指出，企业产权界定清晰，企业间运用市场机制建立经济联系的摩擦便小，交易成本便低；反之，交易成本就高[②]。随着我国媒介产业化的发展，对于我国媒介产业的产权关注逐渐增多，包括对

---

① 李文良. 中国政府职能转变问题报告[M]. 北京：中国发展出版社，2003.
② 转引自朱婧汝. 论电视媒体政府规制改革的几个问题，http://wenku.baidu.com/view/54c68d3d0912a216147929a3.html.

媒介产权、媒介融资、媒介机构改革等方面问题的界定逐渐增多。目前,在视听新媒体微观市场主体中,产权比较多元化。既有真正意义上的市场企业,也有具有国资背景的企业,还有传统媒体事业单位。沿袭传统媒体市场格局的影响,在三种类型中,虽然真正意义上的市场企业在视听新媒体市场上越来越多,但后两者类型的微观市场主体力量仍然十分强大。如国有股一股独大,产权结构多元化也未建立;董事会、总经理与监事会之间治理关系行政化;党委会权力过大且监督机制羸弱等,现代企业治理结构尚未完全实现[①]。

因此,产权改革变得十分必要。产权明晰化就是一方面要明确视听新媒体产业的经营者拥有企业的经营权,包括生产决策权、产品定价权、劳动用工权、产品销售权、投资权、资产处置权等,并以法律的形式予以保护,同时要保护企业的私人财产权。另一方面,企业要承担自主经营的后果,自负盈亏。以此来提高管理人员的积极性,激活视听新媒体市场。

其次,要彻底打破"政企不分"的局面。改变某些传媒企业既是裁判员又是运动员的双重角色,政府解除对企业不必要的约束和限制,明确自己的权力范围,放弃不属于自己的权力。让视听新媒体企业真正成为市场的主体,自主进行相关的经营活动。而政府的作用在于为企业做好服务,创造良好的宏观环境。然而,在现实环境中,政府为了部门利益并不愿意放弃已有的权力,同时媒体为了保住铁饭碗,对改革也不积极。以此,要真正摆正政府与企业的关系,还需面临很大困难。尤其在视听新媒体领域,受内容规制等影响,难上加难。

三、正确处理政府与市场关系:动态博弈中寻求平衡

对于视听新媒体而言,政府与市场关系很大程度上表现为政府与媒体的关系。媒体作为信息的载体,很大程度上要仰赖传媒组织与政府的关系。鉴于媒体和媒体权力的一般性质,没有哪个国家会允许媒体不受任何制约。

[①] 殷琦. 从"国家一元论"到多元治理框架的构建:中国传媒治理结构改革的路径、逻辑及其转型取向分析[J]. 新闻与传播研究,2012(2).

在这个前提下,美国学者乔治·罗德曼在《认识媒体》一书中,根据政府机构对媒体的所有权和控制程度不同,将政府与媒体关系分为两种主要类型:(1)政府拥有和控制媒体。这些国家信奉"媒体是为政府服务而存在的",媒体作为政府控制大众传播最有效的工具而存在。这是一种偏向政府的比较极端的模式,如朝鲜、古巴政府机构和媒体的关系,比较倾向于此。在我国改革开放以前,政府与媒体的关系,也是这种单向的控制关系。这样的政府与媒体关系的框架下,媒体是党和政府的喉舌,是组织传播的媒介,是政府行政权力的延伸,是国家的宣传机器。(2)私人拥有和政府控制媒体:一个比较不太极端的媒体控制体系允许私人拥有媒体,但仍要求政府对这些媒体机构进行控制。一些独裁政权就采用了这种模式的"媒体—政府"关系。和政府所有的体制一样,政府对可经由媒体发布的资讯、娱乐和见解具有决定权。在这样一种体制中质疑政府权威的声音经常遭到审查。在此基础上,很多国家出现了混合模式,在关系链条中出现了交叉。尽管美国大多数的媒体都是私人所有,但政府也拥有和运营一些媒体,如 U. S. Government Printing Office、Armed Forces Radio and Television Network、Radio Free Europe 和 Radio Free China。[①] 视听新媒体的出现,更是将政府与媒体关系变得多元化和市场化。

在中国的传媒产业发展进程中,政府具有不可替代的重要作用,它既是传媒产业化的起始动因,又是贯穿整个过程的重要力量。但是同时政府行为又成为了传媒产业化改造的对象,在规制与放松规制之间不断调整,形成了传媒产业和政府行为的博弈关系。近些年,我国视听新媒体的发展迅速,出现了各种各样的问题,对政府的"管"与"不管","管什么"与"不管什么"在实践中,提出了要求。在媒介融合背景下,在视听新媒体产业链重构的关键时期,政府如何有所为、有所不为,如何转变自身角色,为视听新媒体产业做好服务,同时,又能进行有效引导,成为摆在政府面前的一大难题。同时,政府规制的合理规范化,也是业界的强烈要求。面对巨大的市场发展空间,这

[①] [美]乔治·罗德曼.认识媒体[M].邓建国,译.北京:世界图书出版公司,2010:22.

些市场主体,希望政府能对政策管理进行规范。总之,在视听新媒体发展过程中,政府和市场要在不断调整变化中寻求一种平衡。

第四节　视听新媒体产业发展给政府规制带来的新希望

视听新媒体产业的发展,给政府规制带来许多新的问题的同时,也带来了新的希望。

一是政府本身对文化体制改革的决心所决定的。在涉及视听新媒体产业的各级政府部门中,不断对传统媒体放松规制,从最初的"政治喉舌"到后期允许广告经营、鼓励媒体产业化和集团化、鼓励"政转企",一直到现在从政府规制部门到媒体组织的改革,从未间断。令人遗憾的是,我国的传媒改革一直推进比较慢。美国传播学家梅尔文·德弗勒认为:"今天的大众传播是我们的体制结构的一个中心部分。也就是说,虽然媒介自成一个行业,但它们已经深深渗透到我们社会的五个基本社会体制之中。例如,由于它强调工商业服务和产品,它们是经济体制的中心部分之一。由于它们增加了在选举过程中的作用,用于报道各种听证会和注重政府新闻,它们成为我们政治体制中的一个重大特征。由于它们强调家庭消费的娱乐和通俗文化,它们不可辩驳地成为我们家庭体制的一个重要组成部分。对许多人来说,电子媒介布道已经成为宗教体制的一个重要组成部分。在有限的程度上,它们也成为我们教育体制的一部分。简而言之,媒介已渗透到我们社会的体制核心。"[①]从这个角度来说,传媒制度改革意义重大。然而,中国广电传媒作为当今时代最重要的舆论导向载体,自然也在成功地扮演着中国社会向着市场经济体制全面转轨的最得力宣传者与推动者的角色;但它同时也是文化产业的核心层,其本身并没有被社会广泛认定为是社会主义市场经济最热情的践行者并化为有机组成部

---

① [美]梅尔文·德弗勒,桑德拉·鲍尔.大众传播学诸论[M].杜立平,译.北京:新华出版社,1990.

分,内在的原因与症结耐人寻味,也值得深刻反思①。因此,与传媒制度改革相关的机构,责任十分重大。广电改革非常典型,我国广电面临着自身转变政府职能的压力,一方面,这种转变政府职能的本质就要求广电的各级行政管理机构在对媒介机构的管理方面要适当放松政府规制,使其按照社会主义市场经济体制的要求进行运营,并且为了保障其运营而开放媒介领域的属于市场的部分,引进和强化有效竞争机制,促使媒介机构的业务迅速发展,同时兼顾效益与公平。同时,虽然电信相对广电改革较早较彻底,但同样面临着改革的难题,迫切需要新的领域作为改革的载体。这种职能转变必然要找到载体来释放,模拟广电旧体制的痕迹太重,不适合作为改革的载体,因此新兴的数字电视就自然而然地承载起了广电转变政府职能的使命。广电在数字电视业务以及对这个新业务的政策管理上实践着新的理念②。

二是数字技术的发展和新媒介形态的出现,改变了传媒产业原有的自然垄断的特点。现在视听新媒体业务发展非常迅速,技术体系还在不断创新,游戏规则尚未完全建立起来,整体看来还处于一个互相博弈的过程。对于尚未定性的视听新媒体来讲,其发展过程本身就极具革命性。再加上其信息海量化,跨区域、跨媒介、跨层级、跨体制运营,产品和服务均按市场机制来提供,平衡不同参与者之间的权利,用户、互联网权利提升等特点,更是对传统媒体的颠覆,因此,作为媒体改革的载体,也非常适合。

随着政府对视听新媒体的重视,整个视听新媒体市场的格局已经发生了一定的变化。主要体现在几个方面:首先视听新媒体进入主流媒体行列。视听新媒体在诞生的早期,是民营网站首先开始探索相关业务,打开了视听新媒体市场的大门;二十世纪初,随着视听媒体业务进入资本市场,民营视频网站展现出了强大的生命力,土豆、优酷、酷六等十分活跃,与此同时传统广电媒体纷纷开办相关网络电视台,甚至是成立独立公司

---

① 朱剑飞.改革是传媒繁荣发展的根本动力之源[J].新闻与传播,2012(10).
② 周艳.中国数字电视产业政策的形成研究[M].北京:中国传媒大学出版社,2007.

去运营,凭借政策和母体优势竞争力逐步增强;2008年视听新媒体被纳入国家文化产业和信息产业发展战略,在国家层面收到了重视;得益于技术网络的发展,视听新媒体越来越受到用户的喜爱,在资本市场上也受到青睐,上市企业越来越多,政府对视听新媒体的重视程度也不断加深,不仅鼓励传统主流媒体参与视听新媒体建设,而且在政策、规制方面也日益完善。其次视听新媒体产业发展更加成熟,头部视频效应凸显。经过政策、市场、资本、技术、用户等各方面的激烈角逐,视听新媒体产业发展日趋成熟,一些优势不明显的企业逐步被市场淘汰,头部视频的影响力不断提升和稳固。业界比较公认的头部视频平台主要有腾讯、优酷、爱奇艺,这些平台的老东家是BAT[①],加上近两年比较火的抖音为代表的短视频平台,构成了"3+1"格局,还有一个需要重视的就是中央广播电视总台,代表着国家主流传统媒体在视听新媒体领域的发力。这些头部视频反映了政府和市场双重作用下,初步形成了相对稳定的市场格局。第三视听新媒体产业更加垂直化,进一步体现了产业的深度。这一点在网综市场表现更为明显,2018年网络综艺市场整体投资规模达到68亿元,同比增长58.1%,投资规模迅速提升。头部、腰部网综全面升级,尾部网综市场进一步被压缩,进入更为激烈的竞争阶段。全网新上线网络综艺节目162档,其中腾讯视频、爱奇艺分别上新63、55档,在整体中的占比均在30%以上,优势明显;优酷、芒果TV的数量分别为24、22档,占比在13%左右。[②]

上述三个方面的变化,改变了传媒行业传统的自然垄断特点,形成了新的市场格局。在视听新媒体破旧立新的发展过程中,政府在市场和政策规制方面也在不断发挥积极的引领作用。

三是视听新媒体发展进一步激发了媒体的深度融合。媒介融合将一

---

① BAT,具体是指B=百度、A=阿里巴巴、T=腾讯,是中国互联网公司百度公司(Baidu)、阿里巴巴集团(Alibaba)、腾讯公司(Tencent)三大互联网公司首字母的缩写。百度总部在北京、阿里巴巴总部在浙江省杭州市、腾讯总部在广东省深圳市。

② 数据来源:2019中国网络视听发展研究报告,http://www.199it.com/archives/882433.html.

改过去单打独斗、诸侯割据的困局,开拓出协力攻关、共融共赢的前景。党的十八大以来,以习近平同志为核心的党中央高度重视传统媒体和新媒体的融合发展,多次走访、召开相关座谈会,身体力行推进媒体融合,而视听新媒体的发展既体现了党和政府的政治要求和政治使命,给政府媒体规制改革提供了新的实验场,也在实践层面检验了媒介融合推进过程中的具体效果。

首先,视听新媒体以更加积极的姿态融入正能量的宣传,为媒体融合健康发展注入活力。具体表现在:积极宣传党和政府的新思想、新主张,全面加强"首页首屏首条"建设,采用用户喜欢的形式全方位立体地进行节目制作、播出和互动,切实以守正创新为目标,强调节目导向;不断提升视听新媒体节目的水准,从注重数量发展到提高质量,走精品路线,比较典型的是2018年国家广播电视新闻出版总局提出"网络视听节目提升工程",通过"中国梦"主题网络优秀原创节目推选等活动,在视听新媒体领域树立了榜样;在特殊时刻,如国家两会、党员强国学习平台、改革开放40周年等大型活动方面,视听新媒体平台也积极主动参与,极大调动了网民参与政治、关注国家发展的积极性和爱国热情。

其次,视听新媒体需要更为安全的内容和保障,对媒体融合规制提出了新要求。技术发展特别是5G时代到来,与视听新媒体相关的平台一方面发展更加迅速,另一方面对安全也提出了更高要求,内容安全、传输安全、数据安全、用户隐私安全等对政府新媒体规制提出了全新的挑战。政府相关部门只有不断调整规制手段、规制政策,才能不断适应视听新媒体的快速发展,特别是物联网、大数据、智能+、区块链、云计算、AI等技术的发展带来的新问题,要求政府规制能力不断提高,规制改革速度加快,规制内容更为细致,为视听新媒体健康发展保驾护航。

最后,视听新媒体带动传统媒体改革,进一步推动与传统媒体的融合。视听新媒体与生俱来的融合特征,带动了传统媒体的改革。一方面激发了市场活力,另一方面也给传统媒体带来了很大的压力,重压之下传统媒体"穷则变、变则通、通则达",只有不断调整自身的角色和地位,改变传统的媒体思维,在机制体制、流程管理、人才技术等层面加快融合步伐,由被动变主动,积极拥抱视听新媒体形态,在内容生产、产品技术、市场运营等层面向视听新媒体学习,以建立新型"竞和"关系为目标,不断加大自身的改革力度,大力发展视听新媒体业务,以求在全媒体时代不断适应用户的新需求和市场的新需要,打造更加适应国家传媒需求的新业态,以视听新媒体发展作为改革自身促进媒体融合转型的新契机,推动正面舆论和主流媒体在网络视听领域的影响力和话语权的不断提升。

第四章 视听新媒体政府规制内容研究

通过对相关法律法规、政策指令的梳理,笔者发现以下几个方面是我国视听新媒体政府规制的重点领域:内容规制、广告规制、市场规制和技术规制。本章将以此为依据,分为四小节展开论述。

第一节 内容规制:产品、企业和产业三大层面的思考

一、我国视听新媒体内容规制的基本格局与特点

内容产业是视听新媒体竞争的核心资源,"内容为王"的时代真正来临。内容产业成型的过程包括商业化、组织化和规模化,形成了内容产品、内容企业和内容产业[①]。因此,我国视听新媒体内容规制制度需要推动产品、企业和产业三个层面的发展。从目前与内容规制相关的政策来看,我国视听新媒体内容规制制度具有以下特点:

(一)内容产品:"制度+技术"规制

传统媒体时代,我国给予媒介双重属性的定位,即产业属性和意识形态属性。这种定性延续到视听新媒体领域。因此,政府对视听新媒体内容产品规制非常严格,以实现"可控可管、安全播出"为目标。管控的手段主要有以下几种:

第一,出台系列规章制度(详见附录三),对内容产品生产进行管控。我国很早就开始规范视听新媒体,制度约束主要针对"政治性"和"意

---

① 赵子忠.内容产业论:数字新媒体的核心[M].北京:中国传媒大学出版社,2005.

识形态"相关的产品,如《关于加强通过信息网络向公众传播广播电影电视类节目管理的通告》(1999)中明令禁止的内容包括:危害国家统一、主权和领土完整的;危害国家安全、荣誉和利益的;煽动民族分裂,破坏民族团结的;泄漏国家秘密的;诽谤、侮辱他人的;宣扬淫秽、迷信或者渲染暴力的;虚假的信息;未经国家广播电影电视总局认定的影视剧;从网络或境外电视上收录下来的境外节目;法律、法规规定禁止的其他内容。涉及具体内容种类,则主要针对新闻类产品,具体表现在对突发事件报道的严格规制和对舆论监督的严格规制。这些规制从传统媒体时代到视听新媒体时代,贯穿始终,始终非常严格。然而,随着网络和社交新媒体的发展,在此基础上成长的视听新媒体越来越具有"参政议政"的属性,如微博的出现,直接导致了"网络问政"现象的出现,对此类内容严格规制提出了挑战。

对于非政治性的内容产品,政府从逐渐放松规制到开始强化。这些内容产品的类型主要有影视类节目、娱乐节目以及境外广播电视节目。尤其是对境外节目的限制,由禁止到逐渐开放。《互联网视听节目服务管理规定》(2007)中规定,境外节目只需符合国家有关广播电影电视节目的管理规定,即按照《境外电视节目引进、播出管理规定》,经国家审批,依法引进播出。对非政治性内容产品规制的放松,促进了内容产业的发展,为很多学者所赞誉。然而,近年来,也有学者关注到放松规制的负面影响,如复旦大学谢春林博士认为,对非政治性内容规制过松,导致节目低俗化[1]。随着网络综艺节目的快速发展,谢博士的担心也慢慢在实践中体现出来,2018年是网综的一个标志性年份,被称为"偶像元年",选秀综艺节目蓬勃发展,然而在市场繁荣的表象之下,版权争议、偶像出各种问题、价值观引导偏离等问题层出不穷。于是,2018年7月10日,国家广播电视总局办公厅发布了《国家广播电视总局办公厅关于做好暑期网络视听节目播出工作的通知》(以下简称《通知》)管控选秀综艺、偶像

---

[1] 谢春林.中国电视产业做强做大的路径选择[D].上海:复旦大学博士论文,2006(4).

养成类节目,明确指出"偶像养成类节目、社会广泛参与选拔的歌唱才艺竞秀类节目要组织专家从主题立意、价值导向、思想内涵、环节设置等方面进行严格评估,确保节目导向正确、内容健康向上方可播出,坚决遏制节目过度娱乐化和宣扬拜金享乐、急功近利等错误倾向,努力共同营造暑期健康清朗的网络视听环境"。而业内将此《通知》普遍解读为最严"限秀令"。[①]

综上,对内容产品规制过于严格和过于放松,都会出问题,尺度把握是关键。此外,对于规章制度,学者唐建英指出了另外一个问题,"多是原则性的规定,缺乏具体的执行与判断标准[②]",也是值得注意的问题。

第二,采用集成播控平台,对视听新媒体内容播出进行管控。

集成播控平台,主要利用技术、人员达到对内容的可控、可管。传统的广播电视服务,不论是地面无线电视、有线电视、卫星电视,还是目前的 IPTV,都是基于专门的频道、通道,或者封闭的物理网络,或者 IP 独立的虚拟专用网络,相对容易规制。以 IPTV 内容监管平台为例,IPTV 监管平台按统一接口的全国 IPTV 监管系统架构。该监管平台在各级 IPTV 播控平台、分发平台和用户终端,采用数据交换结构、前端主动采集和终端抽查等方式,采集 IPTV 节目清单、内容码流、媒资信息、用户信息等监管数据,实现对 IPTV 全程全网的有效监管。该平台架构主要包括三大部分:数据采集和回传,监管数据回传网络,统一监管平台,通过六级采集前端、将信息采集回传到广电总局监管中心,再通过建立 IP 电视统一的内容监管平台,实现 IP 电视数据的存储和管理、IP 电视节目内容监看、EPG 管理与核查、审批信息管理与核查、点播节目合法性鉴别、违法取证、广告监管、监管信息共享等功能,最终达到对 IP 电视节

[①] "限秀令"来了,网络综艺成广电总局重点管控对象,http://m.ce.cn/ttt/201807/19/t20180719_29799429.shtml.

[②] 唐建英.博弈与平衡:网络音视频服务的规制研究[M].北京:中国广播电视出版社,2011.

目源、传输和分发、用户终端的全程监管①。而网络视频、互联网电视(OTT)等则基于公网传输,鉴于开放的网络环境,即使采用应用层重叠网络(Overlay Network),在系统和服务的安全性方面,仍然存在较大挑战。

(二)内容企业:"牌照+许可证"规制

为视听新媒体提供内容的企业,包括传统媒体下的新媒体企业和民营新媒体企业。随着我国文化体制改革的不断深入和加强,视听新媒体内容企业受市场因素影响越来越多,虽然与传统媒体内容制作还存在千丝万缕的联系,主体企业化、市场化已成为常态。由此,政府对视听新媒体内容企业的规制,从根源上演变为"政府与市场"的博弈。对于"政府与市场"的关系问题,很多经济学家都有关注,大部分所持观点为"市场需要政府规制,但需要有个度"。如赵人伟提出"既不能越位,也不能缺位"②、张维迎提出"市场经济需要政府监管,但对政府监管力量的使用应当尽量地节制,否则便很容易掉进监管的陷阱。"③在此背景下,政府对视听新媒体内容企业的规制也在不断调整和变化。目前,对内容企业的规制,除了制度之外,最主要的方式是通过发放牌照和许可证,对内容企业进入市场门槛进行限制。

2004年6月15日,国家广电总局下发《互联网等信息网络传播视听节目管理办法》,适用于以互联网协议(IP)作为主要技术形态,以计算机、电视机、手机等各类电子设备为接收终端,通过移动通信网、固定通信网、微波通信网、有线电视网、卫星或其他城域网、广域网、局域网等信息网络,从事开办、播放(含点播、转播、直播)、集成、传输、下载视听节目服务

---

① 国家广播电影电视总局发展研究中心. 中国视听新媒体发展报告(2011)[R]. 北京:社会科学文献出版社,2011.
② 赵人伟. 既不能越位,也不能缺位. 经济观察网,http://www.eeo.com.cn/observer/rwmltt/haidao/wzlb/2009/03/10/131811.shtml.
③ 张维迎. 监管的陷阱. 经济观察网,http://www.eeo.com.cn/observer/rwmltt/haidao/wzlb/2009/03/03/131104.shtml.

等活动。此办法与视听新媒体关系重大,最新数据显示,全国获得国家广电总局颁发的《信息网络传播视听节目许可证》的机构有 594 家[①],其中国家、省、市、县级的电台、电视台、报刊单位占据了名额的大多数,少数为民营企业。在此基础上,开办某一类视听新媒体,还需要其他许可证共同把关。以 IPTV 为例,在内地,开办 IPTV 业务,一向需要《网上传播视听节目许可证》、《网络文化经营许可证》、《ICP 证》和《移动增值业务许可证》四证齐全,其中,前两个许可证分别由广电总局和文化部负责颁发,其余两个由信产部颁发。此外,如果需要对节目内容进行修改变动,还必须受到《电影片公映许可证》、《电视剧发行许可证》或《电视动画片发行许可证》等其他许可证的约束。

除了许可证之外,国家广电总局还颁发了系列牌照,对各领域的视听新媒体内容企业进行限制。作者根据公开资料整理如下(见表 4.1)。

表 4.1　　　　　　　　视听新媒体牌照方一览表

视听新媒体形态	牌照方
IPTV	上海文广、央视国际、南方传媒、中国国际广播电台、杭州华数、江苏电视台、北京华夏安业科技有限公司
手机电视	2.5G 时代——上海广播电视台、中央电视台、中央人民广播电台、中国国际广播电台、云南电视台、北京电视台、人民日报社、新华社、中国网、乐视网等 3G 时代——央视、上海文广、人民日报、新华社、中国国际广播电台、央广视讯、视讯中国、华夏视联
互联网电视 OTT	中国网络电视台(CNTV)旗下的未来电视(ICNTV)、中国国际广播电台旗下的 CIBN 互联网电视、中央人民广播电台旗下的银河互联网电视(GITV)、湖南电视台旗下的芒果 TV、东方明珠新媒体(百视通)、华数 TV、南方新媒体
网络视频	《信息网络传播视听节目许可证》中规定的 594 家

国家广电总局牌照的发放带有明显的倾斜性。这一点在相关政策中也有体现:2007 年 12 月,《互联网视听节目服务管理规定》(第 56 号令),

---

① 国家广播电影电视总局发展研究中心.中国视听新媒体发展报告(2011)[R].北京:社会科学文献出版社,2011:21.

"申请从事互联网视听节目服务的,应当为国有独资或国有控股单位","在《规定》出台之前依法成立的那些民营视频网站,并且在依法运作的,可以提出申请牌照;在《规定》出台之后,一律不再接受任何民营视频网站的申请",限制了大批民营企业的发展。

(三)内容产业:政策鼓励

我国对视听新媒体内容产业实施鼓励政策,源于对大的数字内容产业的支持。数字内容产业是随着数字化时代进程而产生的一个新兴产业,是一个包含了生产、传输、销售数字内容产品和服务的产业集群。最早提出数字内容产业概念的欧盟把产业内涵明确为:制造、开发、包装和销售信息产品及其服务的产业。中国数字内容产业发展迅速,2012 年产业规模已经突破 3 200 亿元,增长率一直保持在两位数。[①] 数字内容产业起步晚发展快的现状,与政府政策鼓励是分不开的。

对于数字内容产业,我国各级政府均表现出积极的态度。在国家层面,"十一五"规划纲要中明确提出:"鼓励教育、文化、出版、广播影视等领域数字内容产业发展"。中央各相关部委从各自管理角度制定了相应的宏观政策,对数字内容产业的发展予以极大关注:如信息产业部的《信息产业科技发展"十一五"规划和 2020 年中长期规划纲要》,文化部的《文化建设"十一五"规划》,国家广电总局的《电影数字化发展纲要》等,都从不同角度对数字内容产业发展予以支持。地方政府对数字内容产业发展也积极支持,如上海《关于加快推进上海高新技术产业化的实施意见》等文件均对数字内容产业发展予以支持[②]。从 2008 年开始,国家出台的一系列关于文化创意产业扶持政策,都将内容产业作为重点扶持领域,并鼓励兴建文化创意产业园区,为内容企业提供土地、税收方面的支持,取得了一定效果。

[①] 王俊井. 提高数字内容产业支撑环境是出路,http://www.cb.com.cn/1634427/20120910/411822.html.

[②] 尹达、杨海平. 我国数字内容产业政策法规体系和运行保障机制研究,http://www.docin.com/p-564037411.html.

同时,为保护视听新媒体内容版权,不断加大打击盗版的力度,并修改《信息网络传播权保护条例》《中华人民共和国著作权法实施条例》等法律法规,为进一步规范内容市场提供法律依据。

二、对我国视听新媒体内容规制的思考

美国学者苏思曼综合各国实践将互联网的内容管理分为四大类:一是制定详细的互联网执照颁发规定和管理规定;二是将现有的管理印刷媒体和电子媒体的法律延伸到网络;三是通过控制服务器过滤网络内容;四是对其认为是不可接受的信息进行事后审查并追究责任。[①] 通过前文对我国视听新媒体内容规制制度的梳理,可以看出上述互联网的内容管理方式基本实现。尽管如此,我国视听新媒体内容规制制度在内容产品、企业和产业规制上,仍然存在很大的上升空间。针对目前内容规制制度的一些突出问题,结合国外的规制经验,作者尝试做如下思考。

(一)内容产品:尝试分级制度,重点规制

视听新媒体内容产品的出现,打破了传统媒体时代内容划分标准,因此,如何对视听新媒体内容进行更好地规制,成为学者研究的重点。《博弈与平衡:网络音视频服务的规制研究》一书对可能影响网络音视频服务内容规制走向的三个源流——广播电视内容的强规制、互联网内容的轻规制、电影内容的分级管理进行了回顾和总结,认为电影的分级管理制度将会越来越多地影响包括网络音视频服务在内的新媒体服务的规制方式。对此,笔者认为分级管理制度将会起到重要作用,但不仅仅局限于电影的分级管理制度。

电影的分级管理制度主要针对的是"政府规制机构审查通过"又与"性、暴力"等相关的内容,目的是保护未成年人。美国电影分级管理机构将影视作品分为五个级别,如表 4.2[②]:

---

① 郝振省.中外互联网及手机出版法律制度研究[M].北京:中国书籍出版社,2008.
② 资料来源:http://baike.baidu.com/view/228385.htm.

表 4.2　　　　　　　　　　　美国电影分级表

级别划分	级别描述及观看人群要求
G（大众级）	该级别的影片没有裸体、性爱场面,吸毒和暴力场面非常少。对话也是日常生活中可以经常接触到的。所有年龄均可观看
PG（普通级）	该级别的电影基本没有性爱、吸毒和裸体场面,即使有时间也很短,此外,恐怖和暴力场面不会超出适度的范围。建议父母陪同观看
PG—13（13岁以下不宜观看）	该级别的电影没有粗野的持续暴力镜头,一般没有裸体镜头,有时会有吸毒镜头和脏话。13岁以下儿童尤其要有父母陪同观看,一些内容对儿童很不适宜
R（限制级）	该级别的影片包含成人内容,里面有较多的性爱、暴力、吸毒等场面和脏话。17岁以下必须由父母或者监护陪伴才能观看
NC—17（17岁以下禁看）	该级别的影片被定为成人影片,未成年人坚决被禁止观看。影片中有清楚的性爱场面,大量的吸毒或暴力镜头以及脏话等

此外,英国、新加坡、中国香港等地也有电影分级制度。此项制度对于未成年人保护具有积极作用。因此,也被延伸到互联网内容规制。

国外很多国家对互联网内容实现分级分类管理,并通过提倡自律、设立热线、技术过滤和对父母进行教育等多种方式来尽可能地避免未成年人受到来自互联网的侵害。具体情况如表 4.3 所示。[①]

表 4.3　　　　　不同国家网络内容过滤与分级措施表

国家/地区	网络内容过滤与分级措施
美国	对中小学和图书馆的电脑实现联网管理,监控学生在网上接触的不良信息,并安装色情过滤系统,对影响儿童身心发育的网站进行屏蔽
法国	2006年法国法律增设"互联网服务供应商必须向用户介绍并推荐使用内容过滤软件"的条款
日本	利用网络过滤系统防堵有关犯罪、色情与暴力的网站;研发"聪明晶片",以防堵青少年与儿童接触不适宜内容

---

① 黄春平.西方传媒内容监管机制的历史考察[M].北京:社会科学文献出版社,2012.

续表

国家/地区	网络内容过滤与分级措施
欧盟	安装过滤软件,并采取技术手段处理有害内容,确保用户对信息的选择接受权利
新加坡	公布一些网站名字和需要过滤的关键词,强行要求互联网服务供应商进行封堵
韩国	推行实名制,身份证号码网上认证系统,以纠正网络不良行为,加强对未成年人的保护

电影分级制度向互联网领域的延伸,对建立在网络基础上的视听新媒体内容规制提供了借鉴意义。需要注意的一点是,上述层面上的分级制度,主要针对的是违法信息和不良信息,出发点是未成年人保护。对于更大范围的视听新媒体内容规制,必须关注另外一层意义上的分级制度。

(1)日本视听新媒体内容规制:统一评价、统一分类、区别对待

《日本的综合信息媒介法制构想》[①]中,将信息通信网络上流通的各种内容,按照是否具有公开性分为两大类:

对于不具有公开性的一类内容,即传统的通信内容,继续对其通信秘密提供最大限度的法律保护;

对于具有公开性的一类内容,又将其分成两类:一类属于广播电视内容或从发展看极有可能归入广播电视服务范畴的各种内容传送服务,将其称为"媒介服务",对于属于"媒介服务"一类的内容,继续适用广播电视法制的基本框架,设立最低限度的必要规制,同时依靠自律机制,在此基础上确保言论和表达的自由;另一类属于具有公开性但不能归入"媒介服务"的那一类内容,将其称为"开放式媒介内容"。包括卫星电视、互联网上具有经营性质且有一定影响力的影像服务等,对此部分内容,在最大限度地确保其表达自由的同时,为调整表达自由与公共利益之间的权利关系,对有害、违法信息实行必要的限制。

日本国内普遍认为,具有"特别的社会影响力"应当成为对"媒介服

---

① 张志.数字时代的广播电视规制与媒介政策[M].北京:中央民族大学出版社,2012.

务"这一类内容进行法律规制的主要依据。提出了6项评价指标:内容的类型(影像、声音、数据)、服务的品质(包括画面的清晰度)、接收终端的易操作性、视听人数、免费还是付费、媒介对市场的垄断程度。将"媒介服务"分为"特别媒介服务"和"一般媒介服务",分别实行不同的法律规制。

对于"开放式媒介内容",将其界定为"特定电信服务",指以不特定的人接收为目的的电信的发送。对此部分,规制对象限定为两种情况:违法信息和有害信息,并根据两类信息的性质设立不同的规制。

(2)欧盟视听新媒体内容规制:内容性质区分,宽严有度监管[①]

2005年欧盟通过《视听媒体业务指令》,将电信、广播、互联网等网络传输内容(如IP电视、互联网广播电视、播客广播、手机电视和移动多媒体广播等各类新兴视听节目服务)分为"线形"和"非线形"业务分开管理。

线形业务指向传统电视、互联网、手机等终端定时按照节目单传送的业务,采用传统广播业务模式管理;非线形业务指按照用户的定制需求传送的内容,即点播形态的业务,采取宽松监管。

具体到欧盟成员国国家内部,对三网融合后的内容业务尤其是一些交叉性业务,它们也习惯于按照内容的性质将其列入广电模式进行监管。以IPTV为例,法国、荷兰、比利时、瑞典都视为广播业务,而奥地利则视为内容业务,纳入一般媒体的规制框架,但也有个别国家如丹麦、爱尔兰等目前还没有将其列入广播业务范畴,视为一般的通信传输管理。

(3)美国视听新媒体内容规制:按照传输网络分类管理

利用有线电视网络、卫星、广播电视网络传输影视节目,归媒体局管理;利用互联网传输节目进行业务界定:属于有线电视服务的,归媒体局管理;属于信息服务的,则归联邦通信委员会管理。

上述国家对视听新媒体内容的分级,给了我们很好的启示。相较于美国和欧盟对视听新媒体内容"一分为二"的做法,日本显然划分地更为详细,而且,对于未来出现的视听新媒体形态,留有很大的空间。

---

① 黄春平.西方传媒内容监管机制的历史考察[M].北京:社会科学文献出版社,2012.

随着视听新媒体的发展,内容呈现碎片化和社区化趋势。短小而聚焦的内容更能适应在社区、手机等个性化媒体中的传播与分享,也利于用户使用搜索、聚合等手段加以筛选。从这一趋势可以看出,用户对内容产品的私人需求在不断增强,产品属性也在从公共产品向私人产品偏离。因此,对内容产品的认识也应该与时俱进。

(二)内容企业:放宽进入,公平竞争

在广电总局"许可证+牌照"规制下,企业进入视听新媒体市场的门槛越来越高。那些传统广电单位或者具有国资背景的企业占据优势。但现实情况是,优酷、土豆、搜狐视频、腾讯视频等大量民营视频网站占据了绝大部分手机视频市场份额,而9家牌照持有方的市场占有率却很低。"相关部门虽然颁发了牌照,树立了门槛,但是也在边走边看,并没有严格限制无票上车"。虽然手机牌照方有一定政策优势,但不完全的市场竞争使其在内容丰富性和满足用户需求上存在缺失。不过,相比于优酷、土豆等视频企业的亏损,这9家持牌企业多已实现了盈利。① 然而,对于此处的"盈利",有一个现象值得关注。

内容产业初步形成的市场竞争中,大部分企业采取与牌照商合作的方式,开展内容方面的运作。以互联网电视牌照商为例,为了实现核心价值,展开了与产业链上下游的合作,如表 4.4 所示。②:

表 4.4 内容产业链合作情况一览表

牌照方	上游内容(应用合作方)	下游硬件合作方	相关产品
CNTV	乐视网 PPTV、网尚、华数、中录国际等 腾讯	易视腾	乐视 TV 易视宝
百事通	华谊、淘宝、土豆、新浪等	迈乐数码、杰科电子、SVA上广电、创维、海尔等	小红书

---

① 资料来源:艾瑞咨询,http://video.iresearch.cn/mobile-tv/20120910/181257.shtml.
② 资料来源:互联网电视:全产业链运营为王,http://www.gddvb.com/news/show-12035.html.

续表

牌照方	上游内容（应用合作方）	下游硬件合作方	相关产品
华数	淘宝、盛大游戏、盛大阅读、百度、PPTV、乐视等	TCL、长虹、海信、索尼、LG、海尔、创维等	精伦云影音

如此众多的合作，使得牌照商凭借"牌照"占尽了商机。如果没有"牌照"，其"盈利"的能力和实力，值得推敲。而与之合作的企业，大部分是民营企业。内容产业要持续健康地发展，需要一个"公平、公正、竞争、有序"的市场环境，在市场中，不应该有"国有"和"民营"的身份之别。

因此，作者认为，视听新媒体内容企业市场进入应该放宽限制，加拿大1999年颁布了《新媒体豁免令》，将"新媒体"的定义界定为"利用因特网传播广播电视的媒体"，并规定利用因特网传播广播电视可以不用申请许可证。对于内容企业出现的问题：如内容产品问题、数据挖掘与用户隐私保护问题等，则通过立法的手段或是建立内容规制机构来解决。内容企业规制应该以能够为内容产业的参与者提供一个统一的经营规则，进一步保证合理、公平的竞争，从而形成平等的交易模式为最终目的。

（三）内容产业：产业政策＋完善立法

从国家视角来看，各个国家基于不同的发展背景，其产业政策主要分为三种类型[①]：

第一种，以日本为代表，以结构政策和组织政策为主要内容，具有明确的结构目标和企业竞争力目标。日本政府对内容产业采取了积极的认可态度。经产省成立了内容产业科，通过政府制定的产业政策，扶持和推动内容产业的发展。

第二种以欧洲国家为代表，以公共空间和精英文化为主要内容，以公共利益为主要目标。欧洲最早提出了"文化工业"的批判理论，随着产业的国际化，"文化例外"又成为重要的观点，其核心是保护本国的文化传统。

---

① 赵子忠.内容产业论：数字新媒体的核心[M].北京：中国传媒大学出版社，2005.

第三种以美国为代表，以补救性政策为主要内容，以产业自我调节机制为主要目标。在产业政策上，美国通过对市场竞争的保护、对知识产权的保护以及对超大市场的推广，来保证内容产业的发展。

上述三种模式各有利弊。目前，我国内容产业政策的现实状况比较偏向日本模式；面对国外强大的内容产业规模，我国内容产业又急需欧洲式的保护政策；而美国模式则是我国内容产业市场发展的理想模式。

问题是我国政府虽然认识到了内容产业的重要性，从产业政策上予以支持和鼓励。但内容产业发展更多需要产业政策的推动，甚至依赖产业政策。也就是说，政府在内容产业的发展过程中，地位举足轻重，而不是市场。从组织角度来说，我国也没有单独成立内容产业的管理机构，因此对产业政策的合理性、持续性、有效性，造成了挑战。

此外，内容产业的长期发展，最终还要不断完善立法。"如果说，在过去十年间，报刊、广播、电视等传统媒体从严格规制走向减少、放松和解除规制的状态的话，那么网络媒体的法律和规范环境的发展则恰好经历了一个相反的过程，正在从无规制的放任状态日益走向加强管理的有序状态[①]"。这种有序状态的形成，很大程度上依赖于法律环境的完善。

对于内容产业立法，各国基本上都依靠现有的传统法规。虽然有些国家开始专注于互联网、新媒体方面的立法，但是针对内容产业的专门立法，还相对较少。

我国关于内容产业的相关法律法规，大多在文化产业和信息产业政策中有所体现。2000年十五届五中全会正式建议"完善文化产业政策"之后，我国制定了系列文化产业相关政策。影响比较大的是《文化产业振兴规划》，于2009年7月讨论通过（具体内容后面阐述）。在信息产业中，2009年4月，《电子信息产业调整和振兴规划》提出，"推进视听产业数字化转型。支持彩电企业与芯片设计、显示模组企业的纵向整合，促进整机企业的强强联合，加大创新投入，提高国际竞争力。

---

① 郝振省.中外互联网及手机出版法律制度研究[M].北京:中国书籍出版社,2008.

加快4C(计算机、通信、消费电子、内容)融合,促进数字家庭产品和新型消费电子产品大发展。推进体制机制创新,加快模拟电视向数字电视过渡,推动全国有线、地面、卫星互为补充的数字化广播电视网络建设,丰富数字节目资源,推动高清节目播出,促进数字电视普及,带动数字演播室设备、发射设备、卫星接收设备的升级换代,加快电影数字化进程,实现视听产业链的整体升级"。2012年7月,《国务院关于大力推进信息化发展和切实保障信息安全的若干意见》中,明确提出了要壮大内容产业。

反观国外,日本在2004年6月正式公布《内容产业促进法》,廖建军和蔡斌还专门将《文化产业振兴规划》和《内容产业促进法》进行了比较,具体如表4.5和表4.6所示。①

表4.5　　　　　　　　我国《文化产业振兴规划》的文本结构

重要性和紧迫性	为"保增长、扩内需、调机构、促改革、惠民生"做出贡献
指导思想 原则和目标	完善市场主体、优化产业结构、提升创新能力、完善市场体系、扩大出口
重点任务(8项)	发展重点文化产业;实施重大项目带动战略;培育骨干文化企业;加快文化产业园区和基地建设;扩大文化消费;建设现代文化市场体系;发展新兴文化业态;扩大对外文化贸易
政策措施(5项)	降低准入门槛;加大政府投入;落实税收政策;加大金融支持;设立中国文化产业投资基金
保障条件(4项)	加强组织领导;深化文化体制改革;培养文化产业人才;加强立法工作

表4.6　　　　　　　　日本《内容产业促进法》的文本结构

第一章	总则 (1—8条)	目的;内容的定义;基本理念;国家的职责;地方公共团体的职责;内容制作人士的职责;合作的强化(国家、地方、个人);法律上的措施(制度、财政、金融)

---

① 廖建军、蔡斌.中日文化产业政策比较研究——基于《文化产业振兴纲要》和《内容产业促进法》之比较[J].出版科学,2010(3).

续表

第二章	基本措施 （9—16 条）	培育人才；推进先进技术的研究开发；适当保护与内容关联的知识产权；促进流通；促进保存；消除活用机会等方面的差别；实现个性丰富的地域社会；增进国民的理解与关心
第三章	必要措施 （17—22 条）	构建多渠道的资金筹措制度；防止权力侵害；促进事业的海外展开；构筑公平的交易关系；照顾中小企业的消费者；内容事业者需谋求的措施
第四章	行政机关的措施 （23—27 条）	相关行政机关等的密切合作；文化产品素材的提供；国家委托知识财产权的处理；与本部的沟通；对推进计划的反映
附则	（28—29)条	法律实施日期等

通过上述两个文本结构，可以看出两个国家的政府介入内容产业的行为有所不同：《文化产业振兴规划》更多地用"加快""加大""扩大""加强""深化"等词汇；而《内容产业促进法》更多使用"推进""促进""保护""合作"等词汇。前文作者提到，我国内容产业发展过度依赖政府政策，这与政府的行为有很大关系。尽管国情不同，但日本的《内容产业促进法》，为我国内容产业立法的完善，提供了良好的借鉴。

三、我国视听新媒体内容规制亟须关注的两大问题：版权危机＋创新危机

在视听新媒体行业快速发展的背后，内容产业的发展也出现了一些问题，这些问题成为视听新媒体发展的绊脚石。其中，最为典型和迫切需要解决的当属版权和内容创新问题。

首先，版权方面存在两个致命的问题，一是盗版打击力度不断加强，二是版权价格的飙升。以网络视频为例，我国视频网站一直遭遇全面的"版权危机"，几乎所有的视频网站都卷入过版权诉讼的风波中。在大部分已审结的案件里，如土豆诉讼案，视频网站多以败诉结局。尽管如此，很多视频网站仍然依赖于盗版，然而盗版对视频网站的危害是长期而巨大的，无异于饮鸩止渴。近两年，随着政策的限制和广告商的抵制，盗版现象越来越少。很多视频网站借鉴国外 Hulu 的正版模式，如百度奇艺等，取得了良好效果。与此同时，另外一个问题接踵而来，就是版权费的飙升。随着版权之争的不断升级，电视剧的购买价格频频出现"天价"数字，不断刷新行业纪录。

艾瑞数据显示，2011 年 6 月，还未杀青的《攻心》网络版权卖出 2 000 万元；7 月，搜狐视频以 3 000 万元拿下 98 集新版《还珠格格》网站独家播映权；9 月，电视剧《浮沉》以超过百万元的单集版权卖给搜狐，总成交价突破 3 000 万元，成为目前网络视频播放版权市场上第一部、也是唯一一部百万剧集。如此令人咋舌的身价，和 5 年前 81 集热播剧《武林外传》仅 10 万元的网络版权相比，上涨了数百倍。据调查，2011 年出产的电视剧中，《后宫甄嬛传》的电视台与网络合计版权销售价格接近 400 万元/集，堪称全年售价最高的电视剧。① 艾瑞咨询人士认为这种态势明年还有可能加强。② 如此高的版权费用，加大了视频网站的成本压力。

其次，就目前视听新媒体的内容而言，已经暴露出严重的创新危机。具体表现在三个方面：一是频道设置雷同，缺乏特色。集中表现在不同媒体平台之间大量视频内容重复，互相拷贝，互相抄袭。不仅使得内容的有效利用率低，沉没资源比例高，更重要的是恶化了受众的使用体验，浪费了用户的时间、精力投入，给媒体造成难以弥补的品牌损失；第二，不良节目和低值节目缺乏把关。这主要针对用户上传的视频由于可信度、隐私、版权等问题增大了审查难度，题材质量的粗糙乏味也使得部分内容有量无质，缺乏精品；第三，原创优质内容资源的匮乏。目前视听新媒体上的优质原创节目较少，自身策划的专题视频节目更少，单靠常规的"转播"方式难以形成传播热点，只有拥有吸引受众的特色频道、特色节目、高品质的网友原创作品，同时开发出适合视听新媒体播出的网络电影、电视剧和其他增值服务，才能提高视听新媒体的知名度，建立品牌。

---

① 数据来源：http://www.ce.cn/culture/whcyk/gundong/201201/06/t20120106_22979643.shtml。
② 资料来源：艾瑞咨询。http://video.iresearch.cn/44/20111227/160268.shtml。

第二节 广告规制：面临多重挑战

一、我国视听新媒体广告规制的基本格局和特点

目前，我国视听新媒体广告规制没有专门的法规，从现有广告规制制度来看，主要来源有三大类。

一是全面指导类法规。《中华人民共和国广告法》(1994，以下简称《广告法》)是广告行业的专业法规，全面指导和监督广告行业的发展；此外，广告行业的跨行业属性特征，决定了还要受到其他相关行业的管理法规；同时，与消费者近距离接触的广告，还要特别遵守《消费者权益保护法》。

二是对特殊产品广告的管理办法。如《药品广告管理办法》(1992)、《食品广告管理办法》(1993)、《化妆品广告管理办法》(1993)、《农药广告管理审查办法》(1995)、《兽药广告管理审查标准》(1995)、《烟草广告管理暂行办法》(1996)、《酒类广告管理办法》(1996)、《印刷品广告管理办法》(2000)、《医疗广告管理办法》(2007)等特殊行业，这些行业的产品与消费者关系重大，因此行业广告也有特别规定。

三是与广告媒体相关的法律法规。这些法规有全国性的，如《广播电视管理条例》(1997)、《印刷品广告管理办法》(2000)、《互联网信息服务管理办法》(2000)等对广告播出的相关规定，也有地方性的，如《北京市网络广告管理暂行办法》(2001)，尤其是户外类广告更多地涉及地方性的法律法规。

上述三大类基本构成了我国广告规制制度的基本格局，主要涉及国家工商总局和国家广电总局两大机构负责广告的播出和监管。

二、我国视听新媒体广告规制面临的两大挑战

(一)传统广告规制问题在视听新媒体领域的延续和扩大

现行《广告法》(1994年制定)自实施以来，出现了系列问题，这些原

有的问题,在视听新媒体发展以后进一步延续。

1. 广告规制机构职责不明确,执法不严

《广告法》总则第六条明确规定:"县级以上人民政府工商行政管理部门是广告监督管理机关。"但在整部广告法里,却对工商行政管理部门的职责与权限未做任何说明。由此可能导致两种情形:第一,广告监督管理机关手中的权力过大,什么都可以管,到处都可以插手,如处理不当,结果只能是滥用权力,干扰广告行业内部的正常运行,阻碍广告的健康发展;第二,由于广告法未对广告监督管理机关的职责和权力进行具体的认定和说明,当遇到一些棘手、微妙的广告违法、违规事件时,某些职能部门可能出于各种考虑互相推诿,甚至置之不理,任由违法、违规广告继续泛滥,造成负面社会影响。[①] 这也是学者所关注的"利益寻租"问题的根源所在。

2. 广告法内容本身存在的问题

我国广告法自身也存在很多问题,为广告法的执行带来了很多困难。主要表现在以下方面:(1)内容过于笼统概括,执行力差。如《广告法》第三条"广告应当真实、合法,符合社会主义精神文明建设的要求"、第四条"广告不得含有虚假的内容,不得欺骗和误导消费者",多是宏观而非具体的表述,给法律执行带来了困难。而美国联邦贸易委员会将不法商业广告予以规格化,划分为九类:不实及欺诈广告,不正当广告、吹嘘广告、诱饵广告及虚假不实的推荐或证言广告、保证广告、电视模型试验广告、香烟广告和信用消费广告等,则表述相对具体,给我们提供了很好的借鉴。(2)内容的滞后性。这一点表现比较突出,媒体的发展,导致广告主、广告经营者、广告发布者的内涵和外延发生了变化,同时,彼此出现了身份的交叉,如何界定?《广告法》第十八条"禁止利用广播、电影、电视、报纸、期刊发布烟草广告"。那么新媒体呢,禁止还是允许?需要《广告法》进行明示。(3)内容过严。管理法规太严,容易导致法规失效,而一旦约束去除,那么违规行为便没有底线。涉及具体行业,如保健品行业,《广告法》

---

① 阮卫. 美国广告法规对我国《广告法》修订的启示, http://www.studa.net/xinwen/100119/15051581-2.html.

规定保健品只能说政府规定的功效,当市场中成千上万的保健品出现,而政府规定的功效只有 27 条,不能满足其差异化竞争的需求,也会导致企业违法行为的发生[①]。

3. 突出问题的存在

就一些比较突出的问题,早就引起学者的广泛讨论。这些问题集中于广告中其他参与者的连带责任、白酒广告、比较性广告、虚假广告、特殊产品或服务广告(医疗器械、烟和酒、投资回报的产品和服务、新媒体广告发展监管等问题比较突出。以白酒电视广告为例,1996 年的《酒类广告管理办法》规定,电视节目每套每天 19 点到 21 点黄金时段,播放的白酒广告不得超过 2 条。报纸,期刊每期的广告不得超过 2 条,不得是头条。然而,自央视招标以来,白酒电视广告投放率一直居高不下,早已超过了规定。由于利益的存在,《广告法》的执行难上加难。

(二)视听新媒体广告规制出现的新问题

1. 视听新媒体广告的性质难以确定

我国《广告法》第 2 条规定:"本法所称广告,是指商品经营者或者服务提供者承担费用,通过一定媒介和形式直接或间接地介绍自己所推销的商品或者所提供的服务的商业广告。"可见,认定某一信息发布行为是否属于广告行为,一是看传播主体。传统媒体广告中的"商品经营者或者服务提供者"比较容易辨认,而视听新媒体当中,用户也可以进行广告信息的发布,比如名人微博发布的一些产品信息,就比较难界定是否属于广告。其次,就要看其是否符合广告行为的特征。传统意义上的广告总是以固定的形式、时间或版面发布,广告管理机构以及消费者容易认识。而视听新媒体上,出现了很多与传统广告形式不同的广告,但也具有介绍或推销商品和服务功能。有学者将其称为"与内容结合的广告"[②]:广告与内容的结合可以说是赞助式广告的一种,从表面上看起来它们更像网页

[①] 郑也夫.消费的秘密[M].上海:上海人民出版社,2007.
[②] 王军.网络传播法律问题研究[M].北京:群众出版社,2006.

上的内容而并非广告。在传统的印刷媒体上,这类广告都会有明显的表示,指出是广告,在网页上通常没有清楚的界限。同时,一些微电影,有的俨然成了"长广告",可是,对此界定又不是很清楚,出现了广告融入了内容、内容融入了广告的现象,使得视听新媒体广告的性质难以确定。

2. 视听新媒体广告的管辖范围难以确定

视听新媒体的载体是网络。网络的超国界、无地域性给法律的适用范围带来了很大的难题,尤其是对网络视频的管辖。网络视频广告面向全球市场,那么,首先遇到的问题就是各国法律的冲突。此地的法律与彼地的法律对网络广告的态度可能不尽相同,甚至完全相反,在一国合法的网络广告在另一国可能非法。那么在不同国家因网络广告纠纷提起的诉讼可能判决结果完全相反。执行问题上,即便一国法院判决国外一方败诉,但是往往无法执行,其也可能在其所在国同样提起诉讼[1]。因此,网络视频广告无论从立案管辖还是从法律的执行上,都遇到了国际问题,需要国家间的协作来完成。涉及我国,则需要尽快完善《广告法》,如一直存在的辱华广告问题,应该如何认定、如何处理,为保护我国广告行业的健康发展提供法律依据。

3. 视听新媒体广告带动的新形式、新内容与新问题

视听新媒体的出现,带动了大批新型广告形式的出现。这些新型广告形式丰富了广告产品的形态,为广告创收提供了更多的途径。然而,有的广告形式也不断惹非议。2013年两会期间,国政协委员言恭达将网页弹出式广告喻为网络"毒瘤",指出弹出式广告不仅"被阅读",而且还夹杂着很多低俗、不健康内容,有的虽然是一些新闻、娱乐、体育等项目,但也可链接到一些内容不健康的网站。由于它的"弹出"是随机的,没有任何选择,因此对未成年人危害极大。对此,我们发现,虽然弹出式广告不受欢迎,但是真正惹怒人们的则是广告内容。因此,视听新媒体广告内容监管问题需引起关注。

---

[1] 王军.网络传播法律问题研究[M].北京:群众出版社,2006.

与此同时,出现的一个新的问题是,微博为代表的社交媒体上的信息,国外 Twitter 还没有建立信息管理机制,不存在把关人对信息发布进行管理,信息的发布取决于用户的自律。国内的微博则有专门的团队负责管理已发布的不和谐的信息,但同样不存在把关人机制对用户的信息发布进行审查。后期内容排查的机制对于自生巨大信息量的微博管理较为吃力,很难做到有效管理微博信息内容。后期排查即使删除原内容,对评论也没有办法。

4. 数据挖掘与个人隐私保护之间的矛盾

视听新媒体按照商业模式运作,势必会以追求经济效益为目标。为了更好地进行媒体推介,特别会注重媒体价值的评估。因为,数据挖掘在媒体价值评估的过程中,具有非常重要的作用。"大数据"本身一直为业界、学界所关注,所以,数据库是视听新媒体商业化运作过程中非常重要的资源。早在 1998 年,Ann Cavoukian 发表了一篇题为《数据挖掘:以破坏隐私为代价》的报告,引起了很大的轰动。该报告剖析了数据挖掘和隐私的关系,指出数据挖掘可能是保护个人隐私提倡者未来 10 年所要面对的"最根本的挑战"。[1] 视听新媒体的发展,证实了这个预言的真实性。相较于传统媒体,视听新媒体更加注重受众调查在广告运作中的重要作用。主要体现在以下几个方面:(1)了解受众的媒介接触习惯,合理安排广告发布时间。(2)了解媒介的传播效果和效益,合理选择广告媒介。(3)评价广告费用的效益。[2] 作者认为受众调查的目的是分析消费者需求与消费习惯,与个人隐私并不是直接冲突的。然而,由于网络技术的发展,对消费者数据抓取越来越详细,有的甚至涉及消费者的身份证号、住址、银行卡号等,使得个人隐私保护的意识增强了。

美国国会 1974 年《个人隐私法》规定,信息关系人对个人信息传播有控制权,公民个人有权决定在何种程度上公开自己的个人信息,未经许可的披露、公开、适用都构成对公民隐私权的侵犯。英国 1984 年《数据保护

---

[1] 薄琥著. 媒介社区化聚合[D]. 中国传媒大学博士论文,2010(5).
[2] 丁俊杰,康瑾. 现代广告通论(第 2 版)[M],北京:中国传媒大学出版社,2007.

法》第 5 条规定：只有经过登记被批准为数据使用人之后，该人才有权利使用个人数据。虽然这部法律颁发的时候还没有数据挖掘，但是却为后来的数据挖掘中的隐私权保护提供了法律依据。

截至目前，我国《广告法》中，对消费者隐私保护内容缺失，对隐私权的保护，散见于一些法律、法规、规章中。这样所带来的结果是法律保护隐私权的实际效力减少，隐私权寻求法律保护的实际可诉性、可操作性降低，不利于受害者请求法律救助。也不利于化解数据挖掘与个人隐私保护之间的矛盾。

三、对我国视听新媒体广告规制的思考

对于视听新媒体广告的规制制度，目前还没有全国层面的针对性的法律法规。国家工商总局对视听新媒体广告的监管，更多地体现在专项整治活动的开展。如 2008 年全国各级工商行政管理机关开展的网上非法"性药品"广告和性病治疗广告治理整顿工作；2013 年 3 月国家工商总局等 13 部门日前联合发布《2013 年虚假违法广告专项整治工作实施意见》，意见指出，严格监管电视购物广告，严厉查处以新闻报道形式和健康资讯节（栏）目变相发布广告的行为。继续加大都市类报纸、省级电视台卫视频道以及地（市）以下报纸、广播电台、电视台广告发布情况的监测检查力度，加强大型门户网站、视频类网站、网络交易平台、搜索类网站及医药类网站的广告监管监控，及时查处虚假违法广告；2013 年 4 月 1 日至 6 月 30 日在全国范围内开展打击"傍名牌"专项执法行动，等等。这些整治活动的开展，对于净化视听新媒体广告环境起到一定作用。然而，最为关键的，笔者认为还是要加快对《广告法》的修改。

自《广告法》实施以来，2000 年全国人大代表提案建议修改《广告法》，直到 2009 年，国家工商总局才开始组织《广告法》修订草案，截至目前，国务院还没有正式通知，《广告法》的修订迟迟不动，使得上述种种问题得不到根本解决。因此，各方力量还需要多多关注《广告法》的修订工作，最终使得《广告法》对视听新媒体广告起到监管的作用。

李勇刚在《保健品虚假广告：两种解释模式》一文中，在探讨为什么会出现虚假广告时，得出一个分析模型，如图 4.1 所示。①

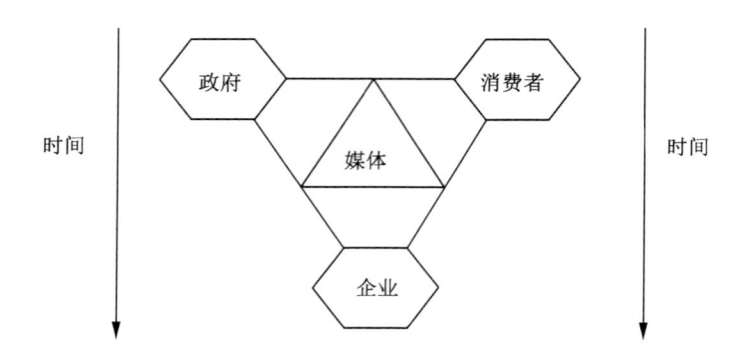

图 4.1　广告与企业、消费者、媒体和政府的关系

这个图很好地说明了广告与企业、消费者、政府与媒体的关系。《广告法》的修改并不是独立的，而是一个系统工程。要充分考虑到企业、消费者、政府、媒体各个部分所扮演的角色，以及各个角色之间复杂的互动。这样制定出的《广告法》，才会在执法过程中，以"法规"为中心，而不是"利益"。同时，要明确一个概念，《广告法》的修订，不仅是为了更好地监管广告行业，也要促进整个行业发展，尤其是具有前景的视听新媒体广告。

第三节　市场规制：交叉准入和资本准入是关键

视听新媒体市场规制制度，主要包括三个方面：一是市场进入制度（我国采用许可证制度和牌照制度，前文已述），二是市场交叉准入制度，三是市场资本准入制度。在此着重探讨后两个方面。

一、市场交叉准入：面临政策破冰

市场交叉准入与三网融合的进程息息相关。关于三网融合的研究成

---

① 李勇刚.保健品虚假广告：两种解释模式[M]//郑也夫.消费的秘密.上海：上海人民出版社，2007．

果,前文在文献综述中已经有所提及。具体的市场交叉准入制度的制定需关注两个现象:

一是行业间的交叉准入。世界各国推进三网融合规制政策的基本路径包括:(1)运行电信与有线电视业务的双向进入;(2)承载与内容规制分离;(3)电信与广电实现统一和独立监管。对照这个路径,我国基本上还处于初级起步阶段。尤其是业务的双向进入,在执行过程中更是困难重重。这个问题是典型的传统媒体分业规制的遗留问题,基于部门利益、行业利益,广电和电信博弈多年,致使三网融合进程十分缓慢。

这个问题从国家层面来讲,政策取向已经十分明显。2010 年 1 月 13 日,国务院常务会议释放加快推进"三网融合"的信号——从 2010 年开始试点广电和电信业务的双向进入,2013 年至 2015 年全面实现"三网融合"。相比以往关于双向进入的政策,新政策是一个历史性的突破,文件突破性地提出了阶段性目标:2010 年至 2012 年,重点开展广电和电信业务双向进入试点;2013 年至 2015 年,全面实现"三网融合"发展,并建立新的体制、机制和新型监管体系。按照先易后难、试点先行的原则,选择有条件的地区开展双向进入试点。符合条件的广电企业可以经营增值电信业务和部分基础电信和互联网业务,电信企业可以从事部分广播电视节目生产制作和传输。鉴于广电相对较为弱势,在系列三网融合方案中,政策表现了明显的非对称性。

在微观领域,电信在业务进入范围上没有大的突破,能进入的领域基本没有超出目前上海等地的试验范围,并不能改变目前依靠广电、并与广电合作开展视频业务的格局,换言之,仍不具备内容播控权。相反,广电想要进入的业务领域基本都被允许,不过,国际互联网出口广电未能得到[①]。针对这种情况,目前广电和电信仍然各自为政,为各自的利益着想,广电总局积极促成国家有线电视网络公司整合,电信试图突破壁垒,自建内容通道,并寻求与更多电视台的直接合作。当三网融合试点一段

---

① 资料来源:广电、电信各建一张网,变调的三网融合,http://www.sarft.net/a/29559.aspx.

时间并且进入僵局之际，双方谋求的是，绕开政策壁垒，不再资源共享，不依赖对方，各自建一张自给自足的电话、互联网、电视业务融合的网络。因此，有专家学者表现出了"三网融合面临夭折的风险"的担忧。

鉴于此种情况，有学者提出的完善广电和电信业务双向进入的规制政策，形成适度竞争的网络产业格局①，还需政策进一步的推动。未来"三网融合"的大势不可阻挡，部门利益终将为此让路。

二是视听新媒体产业链上游、中游、下游企业从自身优势出发，围绕内容生产、平台服务、用户服务等产业功能而形成的产业链扩张。虽然我国已进入数字融合时代，但是传统媒体时代所彰显的"垄断"特性，在视听新媒体产业当中仍然比较明显。以网络视频为例，具有广电背景的"网络电视台"，凭借"母体资源"和政策优势，对最先发展起来的视频网站和一些民营背景的互联网公司造成了不公平的竞争环境。因此，国家规制机构制定政策必须以"市场的公平竞争秩序"为目的，哪些领域能进入，哪些领域不能进入，需要什么资格条件，等等，应该明确公示，而且不应该以"国有"或者"民营"为限制。

二、市场资本准入：政策需明朗

投资是拉动经济增长的三驾马车之一，对经济发展具有健康的可持续的作用。近年来我国经济发展的经验表明，经济的增长越来越依赖于资本的拉动。

随着文化产业体制改革的不断深入，我国在传媒产业方面对资本的政策正在逐步放宽。自2003年12月30日，广电总局下发《关于促进广播影视产业发展的意见》之后，国家有关部门相继下发了《广播电视节目制作经营管理规定》《中外合资、合作广播电视节目制作经营企业管理暂行规定》《关于深化文化体制改革的若干意见》《鼓励、支持、引导非公有制企业发展文化产业的意见》和《国务院关于非公有资本进入文化产业的若

---

① 刘澄，顾强，郑世林.基于"三网融合"背景的我国电信及广电规制政策研究[J].中国知网，2012.

干决定》,鼓励民营资本、社会资本以及外国资本进入影视制作行业。可以说,我国传媒行业尤其是节目制作部分,国家规制由最初的向广电系统内部开放到向国有资本开放,再到向民营和社会资本开放,最终向外资开放,一系列的变化表现了传媒产业的逐步开放。

不过对于外资的政策,在开放中也有所迂回和调整。《中外合资、合作广播电视节目制作经营企业管理暂行规定》正式实施,外资首次被允许入股国内广播电视制作产业。规定指出:中外合资、合作广播电视节目制作经营企业,是指境外专业广播电视企业(以下简称"外方")与中国广播电视节目制作机构和境内其他投资者(以下简称"中方")在中国境内合资、合作设立专门从事或兼营广播电视节目制作发行业务的企业(以下简称"合营企业"),合营企业中的中方一家机构应在合营企业中拥有不低于51%的股份。此规定的出台,再次放宽了外资进入我国传媒市场的门槛,即合资、合作的对象从国有电视节目制作单位扩展到中国广播电视节目。之后,广电总局发出《关于实施〈中外合资、合作广播电视节目制作经营企业管理暂行规定〉44号令有关事宜的通知》,其中就指明,外资机构可以在中国合资开设一家影视节目制作公司,但他们不能参与境内电台、电视台的经营业务。2009年2月,广电总局再次以不适应当前广播影视发展要求,对《中外合资、合作广播电视节目制作经营企业管理暂行规定》予以废止。

然而,产业现实中,尤其是网络视频行业,本身就是在市场竞争环境中发展起来的,一些视频网站都有私人资本、外资的背景,尤其是近年来一大批网站上市,正是他们推动了整个行业的发展。视听新媒体是新兴产业,需要大量的资金,然而目前由于受到市场资本准入制度的限制,我国视听新媒体产业资金链整体投入较少,阻碍了产业化进程。

鉴于此,作者认为我国视听新媒体的市场资本制度需要进一步放宽。针对不同资本的性质,采取不同程度的规制:

对于国有独资或国有控股单位,继续鼓励不同主体间的相互投资与合作;

对于民间资本,进一步引入的同时,继续放宽业务领域,在投融资、税收、土地使用等方面实行改革,帮助民间资本解决进入各个产业中遇到的矛盾和困难;

对于外资,也要充分利用,可逐步进行放宽。明确其可进入的领域,加强国际间的交流与合作。同时把好内容关,保障国家文化信息安全。

与此同时,在资本准入政策放开的同时,也需要进一步将政策细化。哪些领域是可以进入的,而哪些领域是不能进入的,需有明确说明。如2012年6月份工信部出台《关于鼓励和引导民间资本进一步进入电信业的实施意见》,提出了激励民间资本进一步进入电信业的八个领域,包括鼓励民间资本开展移动通信转售业务的试点;鼓励民间资本开展接入网业务的试点和用户驻地网业务;鼓励民间资本开展网络托管业务;鼓励民间资本开展增值电信业务;鼓励民间资本参与基站机房、通信塔等基础设施的投资;鼓励民间资本以参股的方式进入基础电信运营市场等。具体而明确的政策,会更加吸引不同性质资本的关注。

第四节 技术规制:鼓励发展与利用新技术规制二元驱动

视听新媒体是典型的技术交叉与融合的产物,是新技术的推动者与受益者,从业务流程来看,视听新媒体的节目制作、存储、发布、传送、接收和显示等各个环节都与技术有关,因此政府机构对于技术设备的规制非常重视。

根据约翰·帕夫利克的总结,将新媒体技术分为如下四类。[1]

(1)采集、处理和制作的技术。它主要集中于两个领域:一是信息处理器,主要是指计算机和相关技术;二是用于收集和制作内容的设备,比如数字摄影、数字水印、全方位摄像机、遥感和语音设备等。

(2)传输技术。它主要包括4种类型:空中播送,包括广播电视、卫星

---

[1] 姜进章.新媒体管理[M].上海:上海交通大学出版社,2012.

和无线通信以及其他使用电磁频谱的技术;全交换电子通信网络,包括双绞线、光缆、先进智能网络、综合业务服务网等;使用单向头尾系统或文件服务器的同轴电缆和光纤有线网络等;电力线。

(3)存储技术。它主要基于电磁学和光学,包括电磁格式的随机存储器和只读存储器,以及不断提高的光盘存储介质等。

(4)接受和显示技术。它们通常是合成在一起的,是以计算机技术为基础,具有有线和无线通信接受能力,包括多种设备,如个人数字装置、手机、PDA、平板显示器、高清晰电视以及交互电视等。

上述这些技术造成了媒介的多元化融合和内容的信息化,给视听新媒体带来了根本性变化。目前,国家对视听新媒体的技术规制主要表现在两个方面:一是鼓励上述技术的发展,二是利用先进的技术对视听新媒体节目进行监控。

一、技术发展方面:国家宽带战略+技术资本引进

首先,在鼓励技术发展方面,不断推进"国家宽带战略"的同时,也在试图进行技术标准工作的统一。一个国家要从工业社会向信息社会转型,在规律上一定要符合移动化,然后是宽带化、全 IP 化,最后是融合化的逻辑顺序,人均宽带和人均信息的占有量已经成为衡量国家经济实力的核心指标之一。基于此,无论大小国、无论经济发达程度,全球包括欧美发达国家、亚洲韩日新加坡及非洲部分国家等 100 个国家纷纷推行"国家宽带战略"或行动计划。[①] 我国也不例外。早在 2005 年,国务院关于发布实施《促进产业结构调整暂行规定》的决定,"优先发展信息产业,大力发展集成电路、软件等核心产业,重点培育数字化音视频、新一代移动通信、高性能计算机及网络设备等信息产业群,加强信息资源开发和共享,推进信息技术的普及和应用";2012 年 7 月,《国务院关于印发"十二五"国家战略性新兴产业发展规划的通知》,重点发展产业:新一代信息技

---

① 资料来源:国家宽带战略曙光初现,政策利好激活发展潜能,http://www.c114.net/topic/3394/a682149.html.

术产业。建立信息基础设施建设组织领导协调机制，制定支持宽带光纤、移动通信和数字电视建设相关政策，建立和完善电信普遍服务制度；与此同时，《国务院关于大力推进信息化发展和切实保障信息安全的若干意见》，决定实施"宽带中国"工程，构建下一代信息基础设施。工信部部长苗圩透露，工信部将推动实施"宽带中国"战略，争取国家政策和资金支持，加快推进 3G 和光纤宽带网络发展，扩大覆盖范围；争取到 2015 年末，城市家庭带宽达到 20M 以上，农村家庭达到 4M 以上，东部发达地区的省会城市家庭达到 100M。国家对宽带战略的重视，将为整个视听新媒体的发展，提供良好的基础设施服务。

其次，要不断推进技术资本的引进。一方面网络建设需要高额投入。无论是移动电信的 3G 网络建设，还是广电的 CMMB 网络建设，都需要大规模的投资，而且这种投资需要长期的积累；另一方面，运营主体在技术开发方面，前期也要投入巨大的资金。如上海百事通，技术服务部分剥离出来，形成新的市场主体，并实施股权多元化，包括寻求上市融资，解决新媒体技术研发前期投入与设备投入的风险问题。如百事通引进了战略投资者清华同方等企业的参与，增强了新媒体运营的活力。因此，这种运营模式应该受到鼓励与支持。

二、技术规制方面：技术监管平台搭建＋技术标准难统一

首先，技术的发展，一是形成了对原有规制体系的挑战，二是为原有规制体系升级提供技术支撑。国家在鼓励新媒体技术发展的同时，也在利用新媒体技术加强对视听新媒体的规制。相关的规制部门主要有广电总局互联网视听节目传播监管中心、工信部的信息安全管理中心、国务院新闻办的舆情分析中心、国家互联网信息办公室以及各运营主体。

对于封闭性网络的视听新媒体，规制机构一般采用搭建集成播控平台的形式，对媒体进行规制。以 IPTV 为例，其集成播控平台架构如图

4.2所示。①

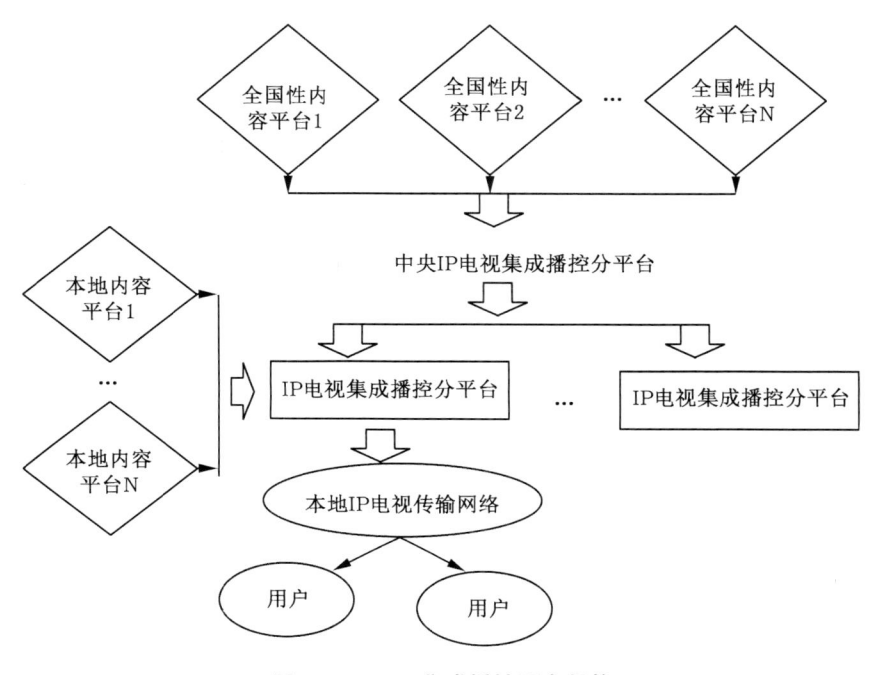

图 4.2 IPTV 集成播控平台架构

由此可见,IPTV 集成播控平台实行两级架构。中央设立 IPTV 集成播控总平台,地方设立集成播控分平台,总平台与分平台采用统一设计开发的软件系统、统一的 BOSS 管理系统、计费管理系统和 EPG 管理系统,按照统一品牌、统一呼号、统一规划、统一洽谈、分级运营的原则,分级运营管理 IPTV 集成播控总平台和分平台,以此确保内容安全。

对于公网的视听新媒体,当前从技术上已经能够解决对网络传播视听节目的监管问题,全国互联网视听节目监管系统于 2006 年初已经建立并运行,该系统负责对境内上百万个网站的监管。目前,现有的监管系统已经能够实现对境内未经审批擅自开办视听节目的网站进行搜索,确定

---

① 国家广播电影电视总局发展研究中心.中国视听新媒体发展报告(2011)[M].北京:社会科学文献出版社,2011.

视听节目地址,对涉嫌违规的视听节目进行下载和取证;对已经审批的视听节目网站进行备案登记,对其传播的视听节目内容进行监控;对影响较大的重点视听节目网站进行重点监控,掌握网站访问量排名和热点节目传播情况。

其次,国家规制机构也非常重视技术标准的统一。技术标准是指对重复性的技术事物和概念在一定范围内所做的统一规定。某种意义上,谁掌握了标准的制定权,谁就在一定程度上掌握了技术和经济竞争的主动权。以2006—2007年手机电视标准之争为例:

2006年3—4月,国家广电总局连续发出两道"规范令",强调在没有统一的技术标准前,各地暂停进行移动多媒体广播试验,使在此之前北京、上海、广东等地广电部门所运作的DMB或DVB-T技术手机电视,在完成初期网络建设和试验后,只能无奈退出市场;2006年10月,国家广电总局将CMMB确定为我国移动多媒体广播(手机电视)的广电行业标准,这说明广电避开手机电视国标征集,主攻商业应用;2007年1月,国标委开始征集手机电视国标,收到电信系统的三个方案,T-MMB、DMB-TH和CMB,而广电则退出国标征集。

而工信部对系统内的手机电视3G标准也作出了技术标准统一。2006年1月20日,信息产业部将第三代移动通信(3G)"中国标准"TD-SCDMA公布为中国通信行业标准;2007年5月16日,信息产业部又公布,WCDMA和CDMA2000这两个国际3G标准为我国通信行业标准。

由此,国际电信联盟确定的三大3G标准都已成为我国通信行业标准。技术标准难统一,在投入产业运营时,统一标准的缺失给产业链的发展带来了各种不确定性,阻碍了良性的产业生态体系的形成。同时,行业性标准没有上升为国家标准,也影响我国视听新媒体技术标准在国际上的竞争力。

第五章 视听新媒体政府规制的目标研究

政府规制的目标是通过直接控制各类微观经济主体的活动来纠正市场失灵,维护个体利益与公共利益平衡。在此基础上,学术界提出的关于规制目标的假说可以归纳为四种,即实现公共利益、实现产业利益、实现政治目标以及实现规制者利益[①]。结合我国政府规制的特殊背景,可以发现公共利益说表现较弱,尤其是消费者的利益。而后三种假说之间的关系,也千丝万缕。因此,以效率和多样化作为政府规制目标的评价指标,则应把我国视听新媒体政府规制目标进行有效分层。

第一节 四大假说对政府规制目标的深层次解读

政府规制的动机是规制经济学研究中的起点和核心问题,也是产生争论最多的问题。第一章在对政府规制的概念进行讨论时,国内外学者分别从经济学、政治学、法学角度进行了诠释,不同的视角,也为政府规制目标的不同,提供了理论基础。接下来,笔者将对实现公共利益、实现产业利益、实现政治目标以及实现规制者利益四大假说进行深层次解读。

一、公共利益说

实现公共利益是公共利益论的核心观点。所谓公共利益理论,主要指政府规制是为了抑制市场的不完全性缺陷,以维护公众的利益,即在存在公共物品、外部性、自然垄断、不完全竞争、不确定性、信息不对称等市

---

① 政府规制与企业价值创造研究课题组.基于企业价值目标的政府规制研究[J].立信会计学院学报,2010(2).

场失灵的行业中，为了纠正市场失灵的缺陷，保护社会公众利益，由政府对这些行业中的微观经济主体行为进行直接干预，从而达到保护社会公众利益的目的。这即是政府规制的"公共利益理论"①。该理论主要观点认为，配置效率和生产效率的矛盾是发展经济的主要矛盾，政府规制将价格定在最优处，而将进入壁垒提高，只允许少数厂家生产，则能有效解决两者之间的矛盾。该理论是规范理论的代表，早期研究政府规制理论的学者几乎都赞同公共利益论，认为市场失灵使得规制成为市场经济中必不可少的元素。

市场发展所带来的市场失灵引发的系列产业问题，以及公共问题的出现，成为政府进行规制的理由。政府规制主要表现在以下几个方面：提高市场进入壁垒，典型的有手机电视、IPTV、互联网电视、网络视频等企业都采用牌照制；对价格进行规制，如对有线数字电视收费、宽带网络收费等进行干预。

然而，随着市场实践的不断检验，有学者对此提出了质疑。1962年，美国著名经济学家、诺贝尔经济学奖获得者施蒂格勒在《管制者能管制什么》一文中，对典型自然垄断产业电力供给部门的规制效率进行研究，结果显示：政府对自然垄断产业的管制并没有降低收费标准，也没有解决价格歧视问题，对利润的提高也没有显著影响。他还明确指出，政府进行管制的公共利益动机只是一种理想主义观念，而真正目的是政治家对管制的"供给"与产业部门对管制的"需求"相结合，以谋求各自的利益，这才是政府管制的真正动机所在。由此产生第二种假说。

二、产业利益说

与公共利益论者相反，在以斯蒂格勒为代表的芝加哥学派看来，产业利益才是促成规制的真实目标。他们强调集团竞争对规制政策形成的重要性，并指出规制政策的立法竞争过程中，受规制的产业将胜出并赢

---

① 资料来源：http://baike.baidu.com/view/560203.htm。

得有利的规制政策,规制机构经过一段时间之后将被产业所俘房,规制的结果也将因利益集团竞争而偏离最初的目标。

此种假说最典型的案例当属三网融合。电信业和广电业围绕视听新媒体市场进行战略布局:电信业建立视频基地,加大视听内容制作;广电加快网络整合和双向改造,试图打造全国统一网络。两大产业从各自利益出发,相互掣肘,加大了国务院推行"三网融合"政策的难度,国务院不得不因利益集团竞争,而一次次放缓三网融合的进程。

三、政治目标说

从中观和微观来看,政府规制属于行政管理范畴,而行政管理是国家政治管理的主要内容。[1] 视听新媒体产业具有公共物品和外部性特征,意味着国家需要对其进行规制,目的是发挥其正的外部性,减少负的外部性。从某种角度而言,这也是政府政治目标的一种,甚至作为政府的工作政绩而存在。

此外,还有学者认为规制产生的原因往往不在于产业本身,而是政府用来替代税收、补贴等行为的一种政治工具。事实上,规制确实经常被用来帮助执政者实现降低失业率、抑制通货膨胀、增加财税收入、缩小收入差距等政治目标。

四、规制者利益说

规制者利益说的理论基础是公共选择理论。公共选择理论运用现代经济学的逻辑和方法,分析现实生活中政治个体的行为特点和政府的行为特点;研究非市场决策的集体决策;并以人的自利作为出发点,分析个人在政治市场上对不同的决策规制和集体制度的反应,以期阐明并构造一种真正能把个人的自利行为导向公共利益的政治秩序。[2] 该理论认为,人是理性的自利主义者,是"经济人"。不管是作为购买商品的消费

---

[1] 张志. 数字时代的广播电视规制与媒介政策[M]. 北京:中央民族大学出版社,2012.
[2] [美]D. C. 缪勒. 公共选择理论[M]. 杨春学,等译. 北京:中国社会科学出版社,1999.

者,还是提供商品的生产者,其行为都是自利的。政府及官员在社会活动和市场交易过程中,同样如此。从另一个角度说,即使政府基本上代表着公共利益,但由于公共利益本身有不同的范围和层次划分,中央政府与地方政府作为不同的利益主体,除了自身利益诉求之外,在公共利益的总体目标方面也有着不同的价值取向和偏好程度上的差异。[①]

此假说的支持者认为,政治家利用规制来创租(create rent),并通过随之而来的政治捐款、投票和贿赂从被创造出来的"租"中获得好处。这种现象特别表现在规制机构对视听新媒体发展中"问题"的处理方面。如为了获得牌照,被规制者对规制者进行贿赂;为了虚假广告不被工商总局严厉查处,媒体对工商总局进行贿赂等行为。

以上四种假说互相排斥,并且都有一定的理论支持和现实依据,但是没有任何一种假说能够解释视听新媒体政府规制的所有现状,因此,四种假说从某种程度上构成了视听新媒体政府规制目标的一种体系,从公众、产业、政府、规制者四个角度,比较全面地对视听新媒体政府规制目标做出了解释。

第二节 中国特色背景下的政府规制目标解析

一、四大假说提出具有国外特殊背景

第一节关于政府规制目标的四大假说,是基于国外政治经济制度,由国外学者所提出的,对于我国视听新媒体政府规制目标的理解具有借鉴意义。然而,国外视听新媒体市场规范环境与我国有着显著区别。

首先,视听新媒体的法律环境相对完善。第四章规制依据的分析中,我们可以看到国外与视听新媒体直接相关或间接相关的法律法规很多,

---

[①] 黄炜.构建中国广播电视新媒体政策体系研究[D].中国知网博士论文.2007.

如表 5.1 所示。①

表 5.1　　　　　　　　不同国家视听新媒体法律法规一览表

国家	法律规定
美国	1934 年《联邦通讯法》、1996 年《联邦电信法》、1998 年《卫星家庭视听促进法》、各州法、1996 年《通信内容准则法》、《网络传播内容的儿童保护法》、1934 年《联邦通讯法》、1996 年《联邦电信法》
英国	1990 年《广播法》、1996 年《广播法》、2003 年《通讯法》、《对 BBC 进行规范的特许状和协议书》、《电子通信管理规划》、《电视服务范畴》、1998 年《无线电信法》、2003 年《电信法》 欧盟：《无国界电视指令》、2007 年《视听媒体服务指令》
法国	1986 年《保障通信自由法》、1989 年、1994 年、2000 年和 2004 年进行了修订；《电子通信管理规划》、1996 年《电信法》 欧盟：《无国界电视指令》、2007 年《视听媒体服务指令》
德国	《州媒体广播电视法》、《媒体州间协定》、《电子通信管理规划》、1996 年《电信法》 欧盟：《无国界电视指令》、2007 年《视听媒体服务指令》
日本	《电波法》2001 年 7 月修改、《广播法》1950 年建立，1988 年、1989 年、1994 年、1999 年和 2005 年多次修改，1984 年《有线通讯政策法》、《电气通信形式广播电视法》、《广播电视伦理基本纲领》（自律性条例）、《风俗营业法》
韩国	《广播法》《电信法》

其次，国外利益集团之间的关系相对独立。消费者、产业、政府、规制机构等利益集团之间，在政府的宏观调控下，按照市场经济规律相互制约，最终达到各方利益的均衡。

二、中国政治经济环境下对政府规制目标的解析

我国是社会主义国家，改革开放前实行计划经济体制，政府对市场直接干预。改革开放以后，建立社会主义市场经济体制，但计划经济时期遗留的问题仍然存在。特别是在媒体领域，政府与媒体的关系一向密切。视听新媒体虽较传统媒体市场化特征更加明显，但是仍然在"政府"与"媒

---

① 作者根据多方资料整理而成，其中有参考国家广播电影电视总局 2006 年编著出版的《发达国家广播影视管理体制和管理手段研究》。

体"大的规制环境中。鲁再平、许正中两位学者在"中国政府规制目标及效率分析"①一文中,对我国政治经济制度特点进行总结,认为具有如下几点。

第一,规制者通常由原来的行业主管部门转化而来,与行业内的部分或全部企业有上下级的行政隶属关系,这常常使中国规制者与企业结成利益一致的政企同盟,有的甚至是政企合一,严重破坏了公平竞争的秩序,使规制效果也大打折扣。

第二,许多被规制的行业都以国有企业为主体,这些国有企业通常都有自己的上级机关。所以除了规制者与被规制企业之间的政企同盟外,还有别的类似的同盟存在。这些同盟的存在构成了对规制者与下属企业之间的同盟的制约。拥有规制权,意味着控制寻租的资源、占据市场主动并因此带来更大的利益,所以在不同的政企同盟之间往往存在着激烈的对规制权的争夺。

第三,立法程序的非公开化、行政程序的非法治化以及缺乏西方式的公开听证会机制,使普通消费者的意愿无法体现在规制中。

第四,最高当权者制定一部规制法的初衷是为了维护广大消费者的利益。这种初衷表现出一种绝对公平的价值取向,与西方规制市场是为了提供一种公平的竞争环境和机会的价值取向形成鲜明的对比。在现实中,消费者(包括潜在的消费者)的利益往往得不到保证,只有克制各政企同盟对普通消费者的盘剥,才能保证消费者的利益不受侵犯,所以这种初衷体现了绝对公平的价值取向。

我国政治经济制度的上述特点,决定了在四大政府规制目标假说中,产业利益说、政治目标说、规制者利益说三者之间具有千丝万缕的联系,而公共利益说,尤其是消费者利益集团的力量最弱。结合我国视听新媒体发展现状,笔者认为政府规制目标除了集中在产业、政府与规制机构的利益上,更多还要考虑消费者的利益。

---

① 鲁再平、许正中.中国政府规制目标及效率分析[J].江汉论坛,2003(5).

第三节　关于政府规制目标的评价：效率与多样性

西方媒介经济理论认为，广电传媒市场具有双重性质，在广电传媒的经济市场上，市场评价的标准是效率，而在广电传媒的思想市场上，多样性成为主要的评价标准。西方学者对多样性的要求并不局限于传媒服务所提供的信息内容的多样性，他们还主张媒介所有权的分散化。因此需要对媒介所有权进行规制，以防止对媒介的过度垄断和市场的过度集中[①]。视听新媒体市场同样具有双重性质，因此，笔者也以效率与多样性作为政府规制目标的评价指标。

一、政府规制目标的效率分析

效率的基本释义有三个方面：(1)指最有效地使用社会资源以满足人类的愿望和需要。(2)给定投入和技术的条件下，经济资源没有浪费，或对经济资源做了能带来最大可能性的满足程度的利用，也是配置效率的一个简化表达。(3)经济学含义，指社会能从其稀缺资源中得到最多东西的特性。即经济蛋糕的大小。[②]

视听新媒体政府规制目标的效率，也具有上述三个方面的含义。其中第一个方面与消费者的利益相对应，第二、第三个方面与政企同盟相对应。

研究结论指出[③]：在完全信息条件下，无论当权者的行为目标是社会福利最大化还是消费者利益最大化，都可以实现社会最优；在非对称性信息的条件下，当权者最大化消费者效用时消费者的效用水平反而比在当权者最大化社会福利时的效用水平低。

由此可以推断，视听新媒体市场在非对称的信息条件下，政府规制目

[①] 张志.数字时代的广播电视规制与媒介政策[M].北京：中央民族大学出版社,2012.
[②] 资料来源：http://baike.baidu.com/view/47610.htm.
[③] 鲁再平,许正中.中国政府规制目标及效率分析[J].江汉论坛,2003(5).

标关注政企同盟利益最大化是首要的,其次才是追求消费者利益最大化。这一点在实践中,也得到了验证。但是,消费者利益最大化,是视听新媒体政府规制的终极目标。

二、政府规制目标的多样性分析

视听新媒体政府规制目标的多样性主要源于其自身所具有的公共物品属性,因此必须履行公共服务功能。世界大部分国家尽管对视听新媒体的规制相对传统媒体有所放松,但仍要求其保证信息内容的多样性。具体的规制措施是实行内容配额制度,如按节目形式,有宗教、政治、文化少数群体节目;按观众,有儿童、老人、特殊群体;按节目来源,有独立制作节目比重等,不同国家和地区都有所侧重。有一种观点认为视听新媒体的自由市场竞争能更有效地把这种公共利益目标表达为多元化、内容多样性以及可接近性。这种自由市场观点受到了批判,理由是它推进文化同一,且排斥少数社会利益集团表达自己的观点。因此,政府规制仍然十分必要。

此外,随着市场经济的发展,越来越要求改变单一的媒介所有权现象。目前,我国视听新媒体所有权形式多样,大部分为企业性质,还有一部分为国企下属子公司或国企下属单位。仍然需要进一步进行"转企改制"。视听新媒体媒介所有权的多样性,有利于防止垄断市场的形成,建立公平的竞争环境。

第四节 视听新媒体政府规制目标与改革

一、规制目标分层:社会性规制目标和经济性规制目标

(一)两大规制手段

为了更好地实现政府的规制目标,在视听新媒体规制过程中,主要依靠两大规制手段。

1. 经济性规制

对存在自然垄断和信息偏在问题的部门,以防止无效率资源配置发生和确保需要对产品和服务公平利用为主要目的,通过被认可和许可的各种手段,对企业的进入、退出、价格、服务的质和量以及投资、财务、会计等方面的活动所进行的规制[1]。经济性规制主要对象是视听新媒体的经济活动,偏重市场和产业。

2. 社会性规制

以保障劳动者和消费者的安全、健康、卫生、环境保护、防止灾害为目的,对产品和服务的质量和伴随着提供它们而产生的各种活动制定一定标准,并禁止、限制特定行为的规制[2]。对我国而言,社会性规制方兴未艾,很多属于社会性规制的问题还非常缺乏相关研究,如比较突出的医药市场问题、矿难问题、排污权交易问题等等。具体到视听新媒体,对内容产品的规制和法律法规的完善当属此类。

作为两种不同的规制领域和规制手段,二者既有区别又有联系。经济性规制一直以来为研究者和实践者所重视,近年来,部分学者开始反思,社会性规制才重新成为研究的热点。这种现象在视听新媒体规制中,也同样存在。有一点较为不同的是,对视听新媒体的内容规制非常严格,但是法律法规建设滞后。

(二)两大规制手段产生的问题

我国对视听新媒体规制存在过度依赖经济规制,而社会性规制相对弱化的现象,这种规制现状极易产生系列问题。

首先,政府过度依赖经济性规制,容易产生的问题有:政企不分,行政垄断问题突出;垄断经营使企业缺乏竞争活力;价格形成机制下不能刺激生产效率的提高;寻租行为导致社会福利的损失;规制机构的低效率。

其次,政府社会性规制相对弱化,容易产生的问题有:伪劣产品充斥

---

[1] [日]植草益. 微观规制经济学[M]. 朱绍文,译. 北京:中国发展出版社,1992.
[2] [日]植草益. 微观规制经济学[M]. 朱绍文,译. 北京:中国发展出版社,1992.

市场,消费者权益不断受到侵蚀;公共问题增生,公共安全受到威胁;公用地悲剧[①]滋生,人类生存环境状况存在恶化问题。

目前,由于政府两大规制手段使用的"度"不均衡,上述问题在视听新媒体产业政府规制中比较普遍。因此,需要对经济性规制进行放松规制,而强化社会性规制。

(三)放松经济规制,加强社会性规制

放松管制是指在那些对竞争存在规章或法规严格限制的行业或领域,限制得到缓和或被废除[②]。导致放松规制的原因很多:一是由于某些过去一般认为的自然垄断产业现状看来并不是真正的自然垄断,而是客观上存在相当程度的竞争的产业;二是由于某些传统的自然垄断产业中有些业务本来就是可竞争的;三是政府规制在有些方面表现出比较严重的规制失灵问题;四是经济全球化和 WTO 等国际组织的要求,等等。

加强规制与放松规制是相对应的。多数学者认为,在全世界范围内,经济性规制呈放松趋势,而社会性规制呈加强趋势。而且,越是市场化程度高的经济和社会,社会性规制越有必要加强。这种大趋势势必对视听新媒体政府规制产生重要影响。

(四)明确社会性规制目标和经济性规制目标

前文所谓加强规制与放松规制,只不过是政府规制的方式而已,只有通过有效性目标来对其判断,才能有更加深刻的认知。单纯的以强化规制或放松规制为目的的追求是没有意义的。

---

① 哈丁设想,古老的英国村庄有一片牧民可以自由放牧的公用地,每个牧民大小取决于其放牧的牲畜数量,一旦牧民的放牧数超过草地的承受能力,过度放牧就会导致草地逐渐耗尽,而牲畜因不能得到足够的食物就只能挤少量的奶,倘若更多的牲畜加入拥挤的草地上,结果便是草地毁坏,牧民无法从放牧中得到更高收益,这时便发生了"公用地悲剧"。在几乎所有的公有资源例子中,都产生了与公用地悲剧一样的问题:私人决策者过分地使用公有资源。政府通常规制其行为或者实行收费,以减轻过度使用的问题。上述解释内容来源:http://baike.baidu.com/view/1277754.htm.

② [瑞典]班特·卡略夫,弗雷德里克·洛文斯.管理实践 A-Z[M].陈宇峰,曲亮,程开明,译.北京:电子工业出版社,2007.

结合前文对政府规制目标的论述，社会性规制目标主要围绕消费者利益集团展开，采用多样性的指标进行评估，需要加强规制；而经济性规制目标主要围绕产业、政府、规制机构进行，采用效率指标进行评估比较适合，需要放松规制。

二、规制目标的实现路径：消费者、企业和政府利益的平衡

无论是社会性规制目标还是经济性规制目标的实现，都要注意消费者、企业和政府利益的平衡。前文对于视听新媒体政府规制机构和规制对象的研究过程中，对于企业和政府利益的平衡多有涉及，在此不加赘述，重点关注消费者利益。

传统媒体时代，消费者是最容易被忽视的一个利益群体。消费者的身份是"受众"，具体表现为：被动接受信息，在什么时间播放什么内容，基本由媒体决定，在"传—受"双方中处于被动地位；被动接受媒体服务价格，电视收视费、电信服务费等基本由政府规制部门定价，消费者没有参与的权力；被动反馈信息，由于沟通渠道的不便，消费者对于信息的反馈也不积极。

视听新媒体的出现，使消费者从"受众"变为"用户"，具体表现为：主动接受信息，对于信息内容的选择、接收终端的选择、接收时间的选择等更加主动；虽然没有参与媒体服务定价的权利，但是，随着视听新媒体形态的增加，消费者可以不选择定价较高的媒体，如一部电影，如果院线定价较高，消费者可以选择观看有线数字电视或者网络视频，如果这家网站定价较高，消费者可以选择价位较低或者免费的网站，变向提高了消费者的选择空间；对于信息反馈的渠道日益多元，消费者不仅可以方便、及时地反馈信息，同时，也可以自己制作内容，成为"记者"或"内容制作者"。视听新媒体赋予了消费者更多的权力，也日益受到消费者青睐。有线电视市场营销协会（CTAM）加拿大分会对该国 18～39 岁人群"多任务"收视行为进行了一次研究，结果显示他们的网络视频观看量超过了电视观看量,这一现象反映了电脑在加拿大人生活中的主导地位逐渐上升[①]。由此可见,视听新媒体用户的增长是未来一大发展趋势。因此消费者这一群体利益受到更多关注,如何正确处理消费者与视听新媒体政府规制的关系,值得深入思考。

事实上,随着对政府规制研究领域的深入,消费者这一利益团体早就受到关注。除了国家、市场,社会力量成为区别于市场和国家以外的"第三种力量",被视为影响资源配置与经济发展的"第三只手"。一般来讲,社会力量主要包括行业组织、工会和消费者。我国社会尚未形成如西方发达国家的"市民社会"形态,社会力量依然弱小,在传媒治理结构中,社会力量一直未被纳入决策层,只在监督层与执行层(如工会)略有体现的现实境况。于是,长期以来,社会与国家、市场处于一种非均衡状态,由于难以与政治力量与经济力量抗衡,社会力量只能在政治力量与经济力量的夹缝中生存,游走于边缘地带[②]。但是,视听新媒体的出现,给了社会力量更大的舞台,现已初露锋芒。视听新媒体行业组织在我国刚刚起步,如 2011 年底成立的上海市视听新媒体行业协会,是我国首家省级视听新媒体行业协会。其成立不仅标志着上海市视听新媒体行业的发展步入新阶段,还被视为视频网站等新媒体企业从盲目竞争走向"自律自治"的重要探索。

对于视听新媒体时代的消费者利益,政府规制则需重点关注三个方面。

(一)保护消费者利益,是政府规制的重中之重

对视听新媒体消费者利益的保护,集中体现为:第一要保证利用这一平台进行表达的自由;第二,基于民主社会的要求,保证消费者通过视听新媒体传递信息,对政府各项事务,各种社会问题、公共事项能够及时充

[①] 资料来源:加拿大年轻人网络视频观看量超电视,http://ntv.cctv.com/20121221/104467.shtml.

[②] 殷琦.从"国家一元论"到多元治理框架的构建:中国传媒治理结构改革的路径、逻辑及其转型取向分析[J].新闻与传播研究,2012(2).

分知晓;第三,满足消费者娱乐、教育等精神文化需求;第四,满足消费者其他个性化服务需求,如远程教育、远程医疗、交通路况等信息;第五,对消费者信息及隐私的保护。

为了保护消费者的上述利益,发达国家的做法是确保信息的"多元"。而节目与内容的多元又要通过保持媒体的独立性、建立媒体组织的多元结构、限制媒体的垄断和集中、制定相应的节目政策和标准、对媒体组织行为的监管来实现。[1]

(二)倾听消费者意见,让消费者积极参与视听新媒体的规制

视听新媒体赋予了消费者更多渠道和更加便利地条件,进行信息的沟通交流与反馈,因此,在政府规制中,要保证消费者利益的最好方式,就是要其参与。以英国视听新媒体政府规制机构 Ofcom 为例,观众投诉成为其内容规制的起点和信心,其他一切的处置措施都是围绕观众投诉来进行的。也就是说,Ofcom 制定了一系列节目标准和处罚原则,但是如何贯彻这些标准和原则,主要是通过处理观众投诉,根据"一案一办"的原则,来确定每一项投诉是否成立,然后根据判断结果来采取措施。由此可见,英国的媒体规制,充分调动了消费者参与的积极性。此种方式,对于视听新媒体所具有的"传播信息主体多元、传播内容海量、传播空间广泛"等特点进而难于规制的问题,不失为一种好的思路。[2]

(三)提升消费者媒介素养,是政府规制的最基本保障

从本质上来说,媒介素养教育是帮助公民树立正确媒介观念、培养良好媒介使用习惯的一种手段;从目的上来说,它旨在通过一系列知识的传授和观念的培养来促使人们积极地使用媒介,实现由媒介信息的被动接受者到媒介活动的积极参与者的角色转变;从内容上说,媒介素养教育由理性批判能力建设和新媒体交往能力建设两大块内容构成,前者侧重于教导公众正确地认识媒介、合理地选择媒介、理性地解读媒介,后者则强

---

[1] 李丹林. 媒介融合时代传媒规制问题的思考[J]. 现代传播,2012(5).
[2] 杨丹. 受众表达权与媒介规制[J]. 新闻与传播,2012(8).

调公民利用新媒介表达自我、获取信息、发展社会关系。

具体到视听新媒体,媒介素养教育应集中于以下两个方面的内容:(1)学会判断视听新媒体信息的意义和价值。由于依托网络,用户庞杂、缺少把关使得视听新媒体上的信息鱼龙混杂,如何从海量的信息中获取有价值的内容,提高其信息甄别和过滤能力,成为消费者媒介素养培养的关键。(2)学会利用视听新媒体的平台提升自己。视听新媒体更多地体现了平台的特征,不仅提供信息,而且也给予消费者更多机会进行互动,因此,利用视听新媒体平台完善自我、完善社会关系变得非常重要。

结　语

媒介融合背景下的视听新媒体政府规制再思考

一、媒介融合背景下视听新媒体政府规制面临的严峻挑战

随着数字技术不断推进和媒介产业市场不断成熟和完善，媒介融合发展速度不断加剧。关于"媒介融合"，最早由美国学者尼古拉斯·尼葛洛庞帝提出。他用一个图例演示了三个相互交叉的圆环趋于重叠的融合过程，表达了他对计算机产业、出版印刷产业和广播电影产业即将和政治趋于融合的远见卓识[1]。自此，国内外多名学者对此有所关注，讨论的焦点集中于技术的作用、媒介生产形态的变化等等。我国学者王菲博士在《媒介大融合》[2]一书中，对中外媒介融合理论做了梳理，并给出了新的定义：媒介融合是在数字技术和网络技术的背景下，以信息消费终端的需求为指向，由内容融合、网络融合和终端融合所构成的媒介形态的演化过程。其中，网络融合是媒介融合的主干融合，内容融合是媒介融合实现的资源基础，终端融合是媒介融合最终目的实现的载体，是内容融合、网络融合的集成端口。具体融合有以下四种结构。

第一，横向融合指内容生产、网络传输、终端应用三个产业链环节分别的横向融合。内容生产的横向融合为不同种类（资讯、娱乐、教育、艺术）、不同形态（模拟、数字）、不同形式（文字、图像、影像、语音）的内容元

---

[1] 刘毅.媒介融合的传媒经济学理论阐释[J].现代视听,2008(8).
[2] 王菲.媒介大融合[M].广州:南方日报出版社,2007.

素之间的生产融合。网络传输的横向融合为互联网、有线电视网、电信网、卫星、无线广播之间的横向融合。终端应用融合指各种终端设备和服务的融合;第二,纵向融合指一条产业链上原来不具有直接联系的内容生产、网络传输和终端应用环节发生了融合;第三,交叉融合指原本不属于一条产业链上的内容生产、网络传输和终端应用环节在一条产业链上发生的融合;第四,系统融合指整个生产形态中所有的融合方式,既有横向融合,也有纵向融合,还有交叉融合。

视听新媒体正是媒介融合的产物,从最初的横向融合发展到纵向融合、交叉融合,未来的发展趋势将会更趋向于系统融合。具体表现如下。

(一)内容提供商向多元化内容提供商转型

从内容提供主体来看,提供更多的内容是他们发展的目标。内容提供商不断改善影视剧的呈现方式,如增加 3D 频道,3D 电影等,同时还会开发更多互动性的内容;数字电视平台还会引入游戏、电视邮箱等多元化的内容。

(二)内容传输商向内容集成平台转型

随着三大网络运营商对数字阅读、音乐、手机视频的涉足,内容传输商也开始蠢蠢欲动,开始利用数字电视平台,开发自身的编辑职责,在数字电视平台上添加菜单页面,借此开发了多种增值应用,比如电视点播、回看录制以及各种社区类应用以及与其他商家或媒体开展的应用,数字电视内容传输商,将其职责延展成了内容集成平台的角色。

(三)实现内容价值的增值

由于视听新媒体运营商本身发展的方向已经不再是单纯仓储的职责,因此要实现更多内容的引入和利用成为运营商的重要发展思路。华数、百事通、华威视讯等都实现了内容与其他机构的合作,实现了内容资源的更好的流通,将内容资源库的资源变成能够实现更多价值的工具。

(四)终端厂商向内容集成平台转型

终端厂商一直觊觎内容产业,但是由于受到政策及资源的多方限制,因此终端厂商开始涉足新业态电视内容行业,如互联网电视,与牌照商进行合作,在电视机内集成内容。

(五)内容交易体系发生变化

由于视听新媒体的内容种类繁多,业务呈现形态多种多样,用户的自主选择空间也比较大,这就使得内容的交易体系比起传统电视的交易体系发生了很大的变化。首先,虽然交易体系仍然没有统一的标准,但是各运营商都有一套自身对于影视剧和节目的评估体系;其次,内容交易体系里开始涉及了更多运营商独有版权的影视剧和互联网原创内容的评价标准。

从上述几点情况来看,在"媒介融合"的推动下,"转型"仍然是视听新媒体未来发展的重要趋势。伴随着"媒介融合"的演进,视听新媒体产业所释放出来的巨大生产力,还将吸引更多微观市场主体的进入。生产力决定生产关系,从客观现实来看,视听新媒体的发展和政府规制之间的矛盾还会加剧,因此,必然要对视听新媒体政府规制进行改革。

二、转型中的视听新媒体政府规制特点:利益的动态博弈

博弈是一种理论,更是一种分析工具,是一种对抗性的理论预设和竞争性互动过程。首先,它以矛盾论的视角将事物发展过程中的冲突具体化,之后,在对抗性理论预设的基础上进行竞争性互动。[1] 在视听新媒体市场的发展过程中,作为新生事物,不同参与主体行为之间充满了竞争与冲突,对政府规制提出了很大挑战的同时,使得博弈变成了一项更为复杂的工程。具体表现在以下几个方面。

第一,规制机构之间的博弈。规制机构之间的博弈,表现在每一个主体都希望制度安排有利于自己,即以自身利益为导向。对于目前而言,三网融合已经不是技术上的问题,而是利益分配问题。而博弈的最终结果取决于各方力量的对比。力量对比很多时候取决于制度变迁主体所掌握的"权力"大小,这在制度变迁中具有非常重要的意义。单纯从行政级别

---

[1] 肖萍,刘红梅.博弈与均衡:地方立法良性发展的不竭动力[J].南昌大学学报,2011(9).

来看，国家的行政级别是国务院，国务院以下是各部委局，广电总局是国务院直属机构，工信部是国务院组成部门，这样看不好比较它们两个权力大小。从实际情况看，电信拥有强大的资金实力和宽带通信优势，而广电则掌握住内容的播控权，双方各具优势，三网融合需要双方的共同努力。广电和电信之间的利益冲突很大，又互不让步。此外，互联网在三网融合大趋势下，市场化程度最高，企业所受体制困扰小，发展迅速，也在进一步谋求更加利于自己发展的政策。

在对"规制机构"进行研究时，作者特别指出，本书主要研究政府规制，对于行业力量和社会公众力量不做研究重点。但不得不指出，行业力量和社会公众力量在视听新媒体规制中扮演的角色越来越重要。

近年来，中国网络视听行业发展迅速，建立行业组织、加强行业自律、推动健康发展的呼声日益强烈。在广电总局的指导下，中央人民广播电台、中国国际广播电台、中国网络电视台、上海百视通电视传媒有限公司等机构作为发起单位，共同成立了中国网络视听行业协会筹备组。2011年2月，民政部正式批准筹备成立中国网络视听节目服务协会。今后，协会将按照相关规定，积极发挥参谋助手和桥梁纽带作用，扎实开展协调、自律、引导、服务等各项工作。同时，传播权力开始由政府及精英阶层的垄断下移至普通公众。主要表现在两个方面：一是公众信息传播渠道增加，二是互动性增强。

在这种新形势下，视听新媒体政府规制的构成表现为：不仅行业主管部门之间利益博弈，同时，政府部门与行业组织以及公众之间，也会出现新的博弈。在实际博弈过程中，不同规制机构之间的利益一致的情况较少，大部分时候不同规制机构之间的利益是不同的，不过有时规制机构之间的利益不同是由于认知不同导致的，而非根本利益的不同。最终的结果要通过改变力量对比或改变认知来决定。"没有一部不受操纵的作品、电影或广播电视。因此，问题不在于媒介是否受到操纵，而在于媒介受到谁的操纵。因此，革命性的想法不是应该废除操纵者。相反，必须使每个人都成为操纵者。①"作者认为,政府为了维持其话语的统治地位,继续保持其话语权威,在传统的政策法律、技术屏蔽、新闻监管等"硬性"手段逐渐失效的形势下,必须转变调控理念与策略。

第二,规制对象之间的博弈。目前,规制对象还没有定型,随着视听新技术的发展,还将会出现越来越多的视听新媒体形态,还将有多方力量进行介入。从企业性质来看,有纯粹的国有企业和民营企业,也有具有国有背景的企业;从产业链上看,有上游、中游和下游的企业,也有产业链外的企业虎视眈眈;从企业类型看,既有传统媒体企业,也有新媒体企业。

随着竞争的日益激烈,不同行为主体之间日趋表现出"竞合"的特点,打破了"传统媒体时代"单纯竞争的含义,这也是由视听新媒体的产业特点所决定的。"竞合"一词是在日益激烈的国际国内经济、政治、文化等社会各个方面的竞争和多元化多极的合作中衍生出来的,表示参与事物的双方或多方保持一种即竞争又合作的关系。在竞争中共同发展进步、实现优胜劣汰,在合作中谋求更好的共存方式②。以内容提供商为例,持有牌照和没有牌照的内容提供商本身是竞争关系,然而,那些没有获得牌照的内容企业,必须与牌照商合作,才能够进入手机电视、互联网电视领域。比如在杭州华数的平台上,就有淘宝、盛大游戏、盛大阅读、百度、PPTV、乐视等多家互联网企业。上海文广百视通也与淘宝、土豆等建立了内容合作关系,南广传媒、湖南广电、中国国际广播电台等也成为视频网站争相合作的对象,这是受政策限制必须进行合作的一类。

此外,受商业利益驱使,视听新媒体产业链已开始整合。如时下被热议的互联网电视,就备受各方力量关注。如CNTV(中国网络电视台)旗下互联网电视运营企业与腾讯展开战略合作,将把QQ视频聊天工具引入互联网电视领域。除了观看视频内容,未来在互联网电视机上,将会有更多应用出现,用户将会享受到更多地交互功能。

---

① [美]阿瑟·阿萨·伯杰.媒介分析技巧[M].李德刚,译.北京:中国人民大学出版社,2005.
② 资料来源:http://baike.baidu.com/view/15640.htm.

另一方面,出现了一些功能强大的产品,也增加了规制客体之间的博弈。如微信产品的出现,引发了运营商抛出"威胁论",马化腾不得不出来解释:"互联网开发商和运营商是一种互惠共赢的关系,就好像是高速公路和上面的汽车一样,或者是商业地产和里面的商店一样,如果商店经营得越好、客流越多,那么商业地产的价值、租金以及物业一样增值,这是合作共赢的方向①。"

总之,视听新媒体产业的出现,激活了媒体市场,凭借新的技术传播手段,对现有的媒介格局产生了重要影响。

第三,规制机构和规制对象之间的博弈,最终表现为规制内容的博弈。规制机构与规制对象之间的关系主要是指它们在资源、产权、利益、职能等方面的关联性质和程度②。在很大程度上表现为"政府和市场"的关系。一方面,政府在积极转变政府职能,希望视听新媒体产业创造出更大打的产业效能的同时,又要保证意识形态安全和国家信息文化的安全;另一方面,视听新媒体市场发展迅速,多方力量都想介入获取市场回报,迫切需要政策的放松规制。基于上述利益,"政府与市场"关系也处于博弈之中。无论是公共利益理论③,还是公共选择理论,市场失灵还是规制失灵,在斯蒂格利茨④看来,市场与政府都不是完美的,需要两者的结合,这一观点已逐渐为当代经济理论界所接受,成为主流的思想。不过,总体来讲,放松规制是大势所趋,尤其是对传媒市场的规制。同时,也有学者得出结论,规制手段应从经济性规制走向社会性规制。⑤

第四,规制目标的博弈。由于我国对传媒业实行严格的规制制度具有悠久的历史,"传媒喉舌论"的影响至今仍然存在,视听新媒体作为媒体

---

① 资料来源:微信的枪口朝向谁,http://www.sarft.net/a/75652.aspx.
② 张志.数字时代的广播电视规制与媒介政策[M].北京:中央民族大学出版社,2012.
③ 相关术语解释请参照本书第二章内容,以下同。
④ 约瑟夫·斯蒂格利茨,美国经济学家,哥伦比亚大学教员。他于1979年获得约翰·贝茨·克拉克奖(John Bates Clark Medal),2001年获得诺贝尔经济学奖。斯蒂格利茨曾担任世界银行资深副总裁与首席经济师,提出经济全球化的观点。他还曾经在国际货币基金组织任职。
⑤ 夏源.新媒体政府规制研究[D].浙江大学博士论文,2012.中国知网,http://cdmd.cnki.com.cn/Article/CDMD-10335-1012332433.htm.

的一部分,实现政治目标和规制者利益是与生俱来的目标;然而受市场经济影响,媒体的企业化管理改革逐渐展开,政府对媒体规制逐渐放松,尤其是对视听新媒体,鼓励产业发展,因此,实现产业利益在市场力量的驱动下,作为政府规制目标的重要性也与日俱增;最后,关于公共利益的讨论。公共利益作为政府规制的目标,其内容复杂、充满争议,并且又处在不断的演变之中。公共利益是国外的提法,偏重公众利益的保护,在我国更多体现为"为人民服务、为社会主义服务",核心内容是坚持党管媒体[①]。由此可见,我国对公共利益目标的理解与国外存在很大偏差。视听新媒体的出现,提升了公众的主动性,赋予了公众更多地权力,因此,公共利益目标也应当被重视。综上,实现公共利益、实现产业利益、实现政治目标以及实现规制者利益四大假说在我国也处于一个博弈的过程中。

三、国外视听新媒体政府规制对我国的启示

视听新媒体政府规制,与一个国家的政治环境、法律环境、经济环境等大的宏观背景有关,同时,也与一个国家对媒体规制的经验有关。通过对国外主要国家对视听新媒体政府规制资料的梳理和分析,发现由于视听新媒体出现,所带来的政府规制变革主要集中于两个问题:一是政府与规制机构的关系问题,到底是应该成立独立规制机构,还是与传统媒体时代一样由政府机构规制,抑或采用一个折衷的办法?二是对于视听新媒体的"融合"特征,对广电和电信是分业管理还是统一管理?对于这两个问题,不同国家结合自身国情给出了不同的答案。整理如下(见表1):

表1　　　　　　　　　不同国家视听新媒体政府规制情况一览表

规制方式 \ 与政府关系	独立于政府	与政府共管	政府直管
统一规制	美国	英国、韩国	日本
分业规制	德国	法国	中国

---

① 李丹林.媒介融合时代传媒规制问题的思考[J].现代传播,2012(5).

虽然国外上述几个国家的国情与我们国家不尽相同，但是由于视听新媒体发展，其对规制机构不断改革的经验，对我们国家视听新媒体政府规制，颇具借鉴意义。

第一，国外视听新媒体规制，虽然大部分国家设立了独立规制机构，但是政府的力量介入不断增强。尤其是涉及视听新媒体，政府的力量渗透更加明显。可以说，政府成为国家视听新媒体发展的"终极推手"。发达国家视听新媒体将是未来信息社会中最为基本、最为普及、最为有效的信息平台和载体，它将带来新的电子技术变革和新兴产业的诞生，并将引领高技术发展。尽管在电视市场上，美国政府很少进行干预。但是为了迅速推广和普及发达国家视听新媒体，美国政府机构也不惜行政干预，比如在数字电视领域，美国政府强制性地要求电视运营商向数字化转换。美国联邦通讯委员会在1992年就制定了数字电视转换时间表，确定了关闭模拟电视播出的最后期限，以迫使电视运营商加快数字电视转换进度。此外，FCC还免费为电视运营商在模拟电视向数字电视转移过渡中提供数字电视频率许可证，保护电视运营商向数字化转移的积极性。同时，政府部门也积极向国民宣传数字电视知识，帮助电视用户了解、掌握相关数字电视常识。

第二，统一独立监管机构的设立占据大多数。随着网络融合的不断发展，为确保市场秩序、促进产业发展、保障消费者权益，基本上所有国家都在全面推动电信和广电的双向进入。多数国家和地区对电信和广电进行了统一监管。视听新媒体"融合"特征明显，未来统一规制可能更有助于调节市场交叉、网络交叉等问题，可以更好地集中优势资源，从有利于视听新媒体整体发展角度出发来进行政府规制。

第三，政府对视听新媒体规制机构的设立，基本上是在传统媒体规制机构的框架之下，少数国家设立融合监管机构，应对视听新媒体发展过程中出现的问题。最具代表性的是韩国，委员长下设放送通信融合政策室和融合政策官，专门研究融合政策的制定，解决实际运营中出现的市场交叉等问题，同时，与视听新媒体相关性较强的还有网络政策局。

第四,法律是政府规制机构设置和行使权利的保障。在国外,多数国家都建立了专门的媒体法,媒体规制机构的设立和权利范围的设定,都由法律明确规定,这样有利保障了媒体规制机构的法律地位和日后工作的开展。同时,在应对视听新媒体方面,有的政府对法律进行修改,来调整规制政策,如日本与视听新媒体相关的基本法律是《邮电法》、《电信管制法》、《视听通信法》和《通信自由法》,日本政府多次对相关法律进行修改。有的政府也建立了一些新的法案,如韩国《IPTV法案》,希望借此对IPTV产业进行推进。

四、规制重构:视听新媒体政府规制的现实选择

(一)本书研究结论的回顾

回顾本书的研究,作者分别从规制机构、规制对象、规制内容和规制目标四个角度,对我国的视听新媒体政府规制进行了分析和思考,得出的结论如下:

视听新媒体政府规制机构存在的主要问题为政府部门直接规制,没有成立独立的规制机构;对广电和电信分业规制,没有成立融合的规制机构;视听新媒体所涉及的政府规制机构数量众多,进而导致规制部门的规制权过度分散;规制主体职能不清,部门利益相互掣肘。为此,我国政府进行了系列改革,但还需进一步深入。从政府规制机构改革和政府职能转变的关系出发,以行政审批作为改革的突破口,同时要回归社会管理者的角色,将职能从"经济建设"到"制度建设"转变,顺应融合趋势,逐步建立融合规制机构,正确处理好集权与分权的关系是改革的重点。

视听新媒体政府规制对象的发展,导致政府对视听新媒体采取传统媒体规制的方式出现政府失灵的现象,要求政府进行改革,进行放权;另一方面,市场也不是万能的,由于视听新媒体自身具有的特征出现市场失灵的现象,又离不开政府规制。因此,要想视听新媒体政府规制更具效力,需在政府与市场之间的动态博弈中把握平衡,充分利用视听新媒体作为改革突破口的优势,来推动政府规制的有效改革。

视听新媒体政府规制内容根据笔者对资料的整理，主要分为四个部分：内容规制、广告规制、市场规制和技术规制。首先，内容规制日益专业化和细化。对内容产品的规制，公共物品属性越强的内容政府规制越强，对私人物品属性越强的内容政府规制越放松；对内容企业和产业的规制则应放松规制。具体建议为，内容产品借鉴电影分级做法，对重点内容重点规制；对内容企业应放宽准入条件，创造公平竞争机会；对内容产业的发展则一方面要完善政策，一方面要加强立法。其次，广告规制要从广告与企业、消费者、政府与媒体的关系出发，进一步推动广告法的修改，为视听新媒体广告规制提供法律依据；再次，市场准入方面，重点解决交叉准入和资本准入问题，需要将规制政策细化并且公开透明，多鼓励少限制；最后，技术准入方面，既要鼓励技术的发展，又要利用新技术为政府规制提供技术手段的支撑。具体做法有：加大投入，鼓励技术资本引进，搭建技术监管平台，推动技术标准统一。

视听新媒体政府规制目标依据我国特殊国情，对公共利益、实现产业利益、实现政治目标以及实现规制者利益四大假说进行深入解析，认为视听新媒体政府规制目标比较多元化，四大假说均有所体现。其中，政治目标以及实现规制者利益两大假说在我国传媒政府规制领域根深蒂固，产业利益假说地位上升，公共利益尤其是消费者利益在我国政府规制目标中所处的地位最低，力量最弱。为此，将规制目标进行分为经济性规制目标和社会性规制目标，能更有效地解决目标多元化的问题，视听新媒体赋予了消费者更大的权力，因此政府规制目标也应该更多地关注消费者利益，保护消费者权利。

上述观点，是作者从不同构成要素入手，对视听新媒体政府规制研究得出的结论。这种研究视角的切入，一方面，能够更具体而深入的分析问题，另一方面，在研究过程中笔者也发现，规制机构、规制对象、规制内容、规制目标四大构成要素之间的关系并不是截然分开的，还需要从整个系统的角度来进行分析与思考。

(二)重构:有效利用博弈,实现视听新媒体政府规制的均衡发展

目前,我国处于社会的转型加速时期。[①] 所谓转型,具有多重独特含义:第一、社会结构的转型;第二、社会制度的转型;第三、经济体制的转型[②]。三个方面的转型,为视听新媒体政府规制的创新,营造了良好的社会环境。

2013年3月10日《国务院机构改革和职能转变方案》提出,将新闻出版总署、广电总局的职责整合,组建国家新闻出版广播电影电视总局。主要职责是:统筹规划新闻出版广播电影电视事业产业发展,监督管理新闻出版广播影视机构和业务以及出版物、广播影视节目的内容和质量,负责著作权管理等。国家新闻出版广播电影电视总局加挂国家版权局牌子。同时,不再保留广电总局、新闻出版总署。

根据《方案》所述,本次改革重点围绕转变职能和理顺职责关系,稳步推进大部门制改革。政府职能转变是深化行政体制改革的核心,是希望借此"处理好政府与市场、政府与社会、中央与地方的关系,深化行政审批制度改革,减少微观事务管理,该取消的取消、该下放的下放、该整合的整合,以充分发挥市场在资源配置中的基础性作用、更好发挥社会力量在管理社会事务中的作用、充分发挥中央和地方两个积极性,同时该加强的加强,改善和加强宏观管理,注重完善制度机制,加快形成权界清晰、分工合理、权责一致、运转高效、法治保障的国务院机构职能体系,真正做到该管的管住管好,不该管的不管不干预,切实提高政府管理科学化水平[③]。"

由此可见,此举是政府职能转变的重要举措之一,也是多方力量博弈的结果,从产业角度而言,有利于培育和发展跨媒体、全媒体的大型传媒集团。政府职能的解放,同时也会影响到规制对象。视听新媒体企业将

[①] 郑杭生在《转型中的中国社会和成熟中的中国社会学》一文中,认为,从1978年以来,中国社会的转型进入新的阶段,具有以往时期不曾具有的特点,所以将这个时期称为"转型加速期"。

[②] 陈素白. 转型期中国城市居民广告意识变迁[M]. 厦门:厦门大学出版社,2011.

[③] 曾会明. 大部制下广电的未来,http://www.baidu.com/link?url=pXYIGJqjJ4zBBpC8yDF8xDh8vibiBldzENBBb91J2cOqKpwiGDNbf2YbQHGnpSCAOUzR.

会更多地在市场竞争环境中,找准自己的定位。

现阶段,视听新媒体市场还充满了博弈。在技术、产品、市场等未定型的时期,存在博弈,将会更加有利于产业的发展。政府规制机构不必急于制定相对稳定的政策,反而会对市场主体产生束缚。一种人为设计出来的靠外力维持的制度安排仍然是不稳定的,很容易受到各种外部因素的冲击和影响,这种影响可能会使制度系统越来越偏离均衡状态,当这种偏离足够大时就会导致制度变迁发生。中国媒介制度的每一次"变迁"既是外部冲击的结果,更是制度系统内部不均衡所导致的结果[1]。历史制度主义关于制度变迁的阶段分析框架如图1所示。[2]

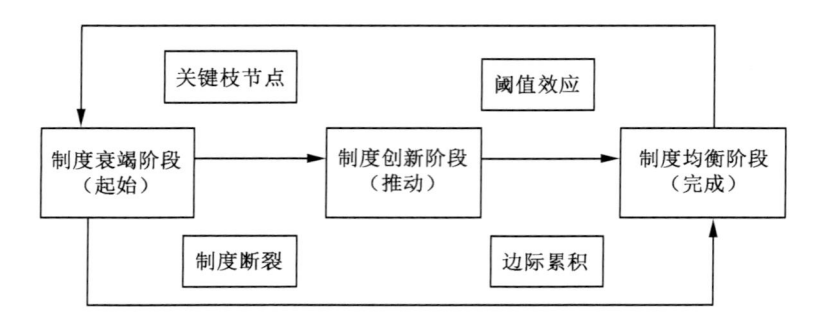

图1 历史制度主义关于制度变迁的阶段分析框架

这个分析框架涵盖一个重要的概念,即"断点均衡[3]",意味着制度变迁的方向不是一个终极均衡的状态,而是从一个均衡遭遇变动后,再趋向下一个均衡。由此可见,媒介制度本身就是一个动态的过程。视听新媒体政府规制也不例外。整体来看,我国视听新媒体的规制制度还处于创新阶段,还需要经过充分地博弈,才能最终形成一个比较有效的管理体制。政府规制机构和规制对象需谨慎处理两者之间的关系,顺势而为。

---

[1] 潘祥辉.媒介演化论[M].北京:中国传媒大学出版社,2009.
[2] 潘祥辉.媒介演化论[M].北京:中国传媒大学出版社,2009.
[3] 由历史制度主义研究学者柯思乐提出。

五、本研究的不足之处

本书的研究过程,与本书题目一样,从总体上表现为一种动态的博弈过程。有付出,有收获,也有很多遗憾。受主客观条件的限制,本书研究的不足之处主要表现为以下几个方面。

首先,从研究方法来看,本书主要使用的研究方法偏向思辨的和定性的分析,对于定量上的数据主要借鉴二手资料,使得一些结论的说服性不够。如在后续研究中,能加入一些实地调研,研究结论将更具说服力。

其次,从研究文献来看,在研究过程中,作者参阅了大量的文献,这些文献表现为两个重要特征:一是政策性文献较多,二是大量文献散落在年鉴、报告、杂志、论文、网站中,专著较少。这些特征使得作者在研究过程中,难免疏漏一些重要文献,影响研究结论的判断。

再次,从作者自身条件来看,受语言、知识背景等因素的限制,对国外资料的翻译和掌握有限,使得部分同国外对比论证显得不是很充分。

最后,从研究的过程来看,在写作过程中,万事开头难,一开始总是不知如何下笔;越是往后写,越是觉得前面已写内容有问题;尽管修改多遍,也没能完全满意。如在逻辑推理方面和辩证思考方面,还能进行深入挖掘。

对此,希望在后续相关的研究中能够尽量避免上述不足,对本书研究结果能够进行进一步的修正和补充。

参考文献

Ⅰ 国外文献(含译著)

1. [法]弗兰西斯·巴尔、杰拉尔·埃梅里. 新媒体[M]. 张学信,译. 北京:商务印书馆,2005.

2. [美]斯蒂夫·琼斯. 新媒体百科全书[M]. 熊澄宇,范澄宇,译. 北京:清华大学出版社,2007.

3. [美]罗杰·菲德勒. 媒介形态变化:认识新媒介[M]. 明安香,译. 北京:华夏出版社,2000.

4. [德]西格弗里德·齐林斯基. 媒体考古学[M]. 荣震华,译. 北京:商务印书馆出版,2006.

5. [意]玛格赫丽塔·帕加尼. 多媒体与互动数字电视——把握数字融合所创造的机会[M]. 罗晓军,等译. 北京:人民邮电出版社,2006.

6. [美]约翰·费斯克. 关键概念:传播与文化研究辞典[M]. 李彬,译. 北京:新华出版社,2004.

7. [英]丹尼斯·麦奎尔. 受众分析[M]. 刘燕南,译. 北京:中国人民大学出版社,2006.

8. [美]D. C. 缪勒. 公共选择理论[M]. 杨春学,等译. 北京:中国社会科学出版社,1999.

9. [日]植草益. 微观规制经济学[M]. 朱绍文,译. 北京:中国发展出版社,1992.

10. [美]罗伯特·皮卡特. 传媒管理学导论[M]. 韩骏伟,等译. 北京:人民邮电出版社,2006.

11. [美]唐纳德 M·吉尔摩. 美国大众传播法:判例评析[M]. 梁宁,等译. 北京:清华大学出版社,2002.

12. [美]乔治·罗德曼. 认识媒体[M]. 邓建国,译. 北京:世界图书出版公司,2010.

13.［美］克里奇等.电子媒体的法律与规制［M］.王大为,等译.北京:人民邮电出版社,2009.

14.［英］吉莉安·道尔.理解传媒经济学［M］.李颖,译.北京:清华大学出版社,2004.

15.［英］尼克·史蒂文森.传媒的变革:全球化、道德和伦理［M］.顾宣凡,等译.北京:北京大学出版社,2005.

16.［英］马克·史蒂芬斯.媒体规制——观点的自由市场?［M］//清华大学新闻与传播学院.全球传媒评论.北京:清华大学出版社,2012.

17.［美］尼古拉斯·尼葛洛庞帝.数字化生存［M］.海口:海南出版社,1997.

18.［美］塔瑟尔.数字权益管理——传媒与娱乐中数字作品的保护与盈利［M］.王栋,译.北京:人民邮电出版社,2009.

19.［美］阿瑟·阿萨·伯杰.媒介分析技巧［M］.李德刚,译.北京:中国人民大学出版社,2005.

20.［美］梅尔文·德弗勒.大众传播学诸论［M］.杜力平,译.北京:新华出版社,1990.

21. David Goldberg、Tony Prosser、Stefaan Verhulst. *EC Media Law and Policy*,1998［M］. Longman,1998.

22. Kahn、A. E. *The Economics of Regulation：Principles and Institutions*［M］. New York：Wiley,1970.

23. Alan B. Albarran. *Management of electronic Media*［M］. Wadsworth,2002.

24. Petros Iosifidis. *European Television Industries*［M］. BFI Publishing,2005.

25. Freedom House Survey of Press Freedom. Free-dom of the Press 2006,www. freedomhouse. org/research/pressurvey. htm.

26. FCC 官方网站,http://transition. fcc. gov/aboutus. html.

27. 韩国广播通信委员会官方网站,http://eng. kcc. go. kr/user. do？page＝E01030000&dc＝E01030000.

28.［日］石坂悦男.大众媒介产业的变动［M］.有斐阁选书,1989.

Ⅱ 国内文献

29. 赵子忠. 内容产业论:数字新媒体的核心［M］.北京:中国传媒大学出版社,2005.

30. 黄升民、王兰柱. 中国数字新媒体发展报告[M]. 北京：中国传媒大学出版，2006.

31. 赵子忠、赵敬. 对话：中国网络电视[M]. 北京：中国传媒大学出版社，2011.

32. 丁俊杰、康瑾. 现代广告通论[M]. 2版. 北京：中国传媒大学出版社，2007.

33. 唐建英. 博弈与平衡：网络音视频服务的规制研究[M]. 北京：中国广播电视出版社，2011.

34. 张志. 数字时代的广播电视规制与媒介政策[M]. 北京：中央民族大学出版社，2012.

35. 喻国明. 中国传媒发展指数报告(2012)[M]. 北京：人民日报出版社，2012.

36. 蒋宏，徐剑. 新媒体导论[M]. 上海：上海交通大学出版社，2006.

37. 郭庆光. 传播学教程[M]. 北京：中国人民大学出版社，1999.

38. 董璐. 传播学核心理论与概念[M]. 北京：北京大学出版社，2008.

39. 国家广播电影电视总局. 发达国家广播影视管理体制和管理手段研究[M]. 北京：中国传媒大学出版社，2006.

40. 王庚年. 国际传播发展战略研究[M]. 北京：中国国际广播出版社，2006.

41. 林喆. 权利的法哲学——黑格尔法哲学研究[M]. 济南：山东人民出版社，1999.

42. 范金鹏、刘骞、丁桂芝. 三网融合大时代[M]. 北京：清华大学出版社，2012.

43. 余晖. 政府与企业：从宏观管理到微观管理[M]. 福州：福建人民出版社，1997.

44. 于立. 产业组织与政府规制[M]. 大连：东北财经大学出版社，2006.

45. 周艳. 中国数字电视产业政策的形成研究[M]. 北京：中国传媒大学出版社，2007.

46. 潘祥辉. 媒介演化论[M]. 北京：中国传媒大学出版社，2009.

47. 王菲. 媒介大融合[M]. 广州：南方日报出版社，2007.

48. 陈欣新. 表达自由的法律保障[M]. 北京：中国社会科学出版社，2003.

49. 刘洁. 主导·写作·博弈——当代媒介产业与政府关系[M]. 武汉：华中科技大学出版社，2006.

50. 高慧军. 电视服务的供给与政府监管[M]. 北京：中国经济出版社，2007.

51. 周振华. 信息化与产业融合[M]. 上海：上海人民出版社，2003.

52. 张国良.全球化背景下的新媒体传播[M].上海:上海人民出版社,2008.
53. 张国良.新媒体与社会变革[M].上海:上海人民出版社,2008.
54. 宫承波.新媒体概论[M].3版.北京:中国广播电视出版社,2011.
55. 姜进章.新媒体管理[M].上海:上海交通大学出版社,2012.
56. 曲振涛、杨恺钧.规制经济学[M].上海:上海复旦大学出版社,2006.
57. 郑涵、金冠军.当代西方传媒制度[M].上海:上海交通大学出版社,2008.
58. 辜晓进.美国传媒体制[M].广州:南方日报出版社,2006.
59. 郎劲松.韩国传媒体制创新[M].广州:南方日报出版社,2006.
60. 国家广播电影电视总局发展研究中心.中国视听新媒体发展报告(2011)[M].北京:社会科学文献出版社,2011.
61. 郝振省.中外互联网及手机出版法律制度研究[M].北京:中国书籍出版社,2008.
62. 黄春平.西方传媒内容监管机制的历史考察[M].北京:社会科学文献出版社,2012.
63. 郑也夫.消费的秘密[M].上海:上海人民出版社,2007.
64. 王军.网络传播法律问题研究[M].北京:群众出版社,2006.
65. 唐子才、梁雄健.互联网规制理论与实践[M].北京:北京邮电大学出版社,2008.
66. 黄炜.构建中国广播电视新媒体政策体系研究[D].中国知网博士论文,2007.
67. 夏源.新媒体政府规制研究[D].中国知网博士论文,2010.
68. 夏倩芳.公共利益与广播电视规制[D].中国知网博士论文,2004.
69. 于斌.广播电视产业之法律规制研究[D].中国知网博士论文,2006.
70. 申琦.手机信息传播法律与管理问题研究[D].中国知网博士论文,2009.
71. 谢春林.中国电视产业做强做大的路径选择[D].中国知网博士论文,2006.
72. 薄琥.媒介社区化聚合[D].中国知网博士论文,2010.
73. 马澈.个人移动媒体形态变化研究[D].中国知网博士论文,2011.
74. 胡正荣,杜萱.中外广播电视媒介规制比较分析,http://ytv.blog.hexun.com/1798409_d.html.
75. 2006中国新媒体发展研究报告,http://p2p.lmtw.com/Manalysis/200612/28725.html.

76. 景东,苏宝华. 新媒体定义新论[J]. 新闻界,2008(3):57.

77. 江宏,卢榕峰. 解读"新媒体",http://media.people.com.cn/GB/22114/206896/217563/14219076.html.

78. 庞井君. 中国视听新媒体的发展现状与趋势,http://wenku.baidu.com/view/f361cc7702768e9951e73875.html.

79. 赵子忠. 视听新媒体的发展趋势与运营、管理机制,http://wenku.baidu.com/view/e3f849f8941ea76e58fa0404.html.

80. 探讨视听新媒体的法律政策,http://www.docin.com/p-428508182.html.

81. 黄升民. 数字电视的今天和明天,http://www.51chinatv.com/html/director/point/2009/0521/2202.html.

82. 汪文斌. 中国网络电视台的发展战略思考,http://www.cndfilm.com/20101022/100973.shtml.

83. 徐芳. 小米盒子,三网融合的鲶鱼? http://www.sarft.net/a/58692.aspx.

84. 曹星. 论新媒体中文化安全新走向,http://www.docin.com/p-368413788.html.

85. 周林军. 美国公用事业规制法律制度改革及对我国的启迪[J]. 西南政法大学学报,2003(18).

86. 吕尚彬、陈薇. 中国政府与传媒的双向互动关系初探[J]. 中国知网,2012.

87. 刘毅. 媒介融合的传媒经济学理论阐释[J]. 现代视听,2008(8):26.

88. 赵文广. 论言论自由权的界定与保障. 中国论文下载中心,http://www.studa.net/zhengzhiqita/070518/14470112-2.html.

89. 曾会明. 大部制下广电的未来,http://www.baidu.com/link? url＝pXY-IGJqjJ4zBBpC8yDF8xDh8vibiBldzEnBBb91J2cOqKpwiGDNbf2YbQHGnpSCAOUzR.

90. 石长顺、王琰. 广播电视媒体的政府规制与监管[J]. 中国知网,2008.

91. 常永新. 我国传媒产业政府规制的探索性研究,http://www.paper789.com/paper_pxfc59/.

92. 马俊. 网络融合与广电监管体制,http://www.cqvip.com/QK/91404X/2005008/20104513.html.

93. 刘澄、顾强、郑世林. 基于"三网融合"背景的我国电信及广电规制政策研究[J]. 中国知网,2012.

94. 微信的枪口朝向谁,http://www.sarft.net/a/75652.aspx.

95. 梁平.中外广播电视监管机构简析[J].现代电视技术,2007(7):110.

96. 施王照.美国政府与媒体"对簿公堂",说脏话违法?[N].法治周末,http://www.legalweekly.cn/index.php/Index/article/id/150.

97. 王谨.探析我国独立电信规制机构的建立,http://article.chinalawinfo.com/ArticleHtml/Article_65728.shtml.

98. 高尚全.规制权分散是规制领域的主要问题,http://tech.sina.com.cn/t/2006-08-08/16591076370.shtml.

99. 谭炎明.融合试点"难产"或引致机构重组,http://www.c114.net/swrh/1994/a513667.html.

100. 石佑启,黄新波.论我国大部制改革的目标定位[J].南京工业大学学报:社会科学版,2012(1).

101. 王松筠微博,http://weibo.com/1720160473/zljalzSCO.

102. 于华鹏.文化体制改革三家变二家:广电和版署或合并,http://tech.sina.com.cn/i/2013-03-02/00388104203.shtml.

103. 张维迎.中国:政府规制的特殊原因,http://www.cenet.org.cn/article.asp?articleid=5682.

104. 朱剑飞.改革是传媒繁荣发展的根本动力之源[J].新闻与传播,2012(10):53.

105. 迟福林.政府转型:从经济建设型到公共服务型,http://finance.qq.com/a/20090306/003084.htm.

106. 岳嵘嵘.美国联邦通信委员会放松媒体交叉所有权规制[J].域外报业,http://wenku.baidu.com/view/63352a878762caaedd33d4ba.html.

107. IPTV:韩国广播与电信之争,http://www.yesky.com/116/1946116.shtml.

108. 王融.监管体制改革呈现三种模式我国应兼收并蓄推进三网融合[J].世界电信,2011(7),http://www.doc88.com/p-738459993074.html.

109. 法国的三网融合之道,http://www.cnii.com.cn/20060808/ca380754.htm.

110. 如何协调电信行业规制与反垄断规制?http://www.cnii.com.cn/20071008/ca436402.htm.

111. 顾芳. 德国广播电视监管和法律制度研究, http://qkzz.net/article/af6988c7-d9ee-42f5-b762-4688195f9a12_3.htm.

112. 王新苗. IP 网络技术及 IP 网络管理发展趋势[J]. 电子技术, 1999(9):5.

113. 胡汉辉、沈华. 网络融合环境下的动态电信规制[J]. 选自于立主编. 产业组织与政府规制[M]. 大连:东北财经大学出版社, 2006:190.

114. 赵人伟. 既不能越位, 也不能缺位. 经济观察网, http://www.eeo.com.cn/observer/rwmltt/haidao/wzlb/2009/03/10/131811.shtml.

115. 张维迎. 监管的陷阱. 经济观察网, http://www.eeo.com.cn/observer/rwmltt/haidao/wzlb/2009/03/03/131104.shtml.

116. 王俊井. 提高数字内容产业支撑环境是出路, http://www.cb.com.cn/1634427/20120910/411822.html.

117. 尹达、杨海平. 我国数字内容产业政策法规体系和运行保障机制研究, http://www.docin.com/p-564037411.html.

118. 李小莉. 欧洲媒介规制与监管的现状与思考, http://www.doc88.com/p-902236872969.html.

119. 朱剑飞. 改革是传媒繁荣发展的根本动力之源[J]. 新闻与传播, 2012(10):53.

120. 互联网电视:全产业链运营为王, http://www.gddvb.com/news/show-12035.html.

121. 阮卫. 美国广告法规对我国《广告法》修订的启示, http://www.studa.net/xinwen/100119/15051581-2.html.

122. 李勇刚. 保健品虚假广告:两种解释模式[M]//郑也夫. 消费的秘密. 上海:上海人民出版社, 2007.

123. 广电、电信各建一张网, 变调的三网融合, http://www.sarft.net/a/29559.aspx.

124. 国家宽带战略曙光初现, 政策利好激活发展潜能, http://www.c114.net/topic/3394/a682149.html.

125. 肖萍、刘红梅. 博弈与均衡:地方立法良性发展的不竭动力[J]. 南昌大学学报, 2011(9):66.

126. 高子华. 美国广播电视的运营与规制——对美国广播电视产业生态环境的

实地考察与分析[J]. 中国知网, http://www.cnki.com.cn/Article/CJFDTotal-XDCB200504040.htm.

127. 严奇春, 和金生. 我国三网融合规制政策演进路径探析, http://www.doc88.com/p-999232538576.html.

128. 张昕竹, 马源, 冯永晟. 电信与广电应分业规制还是统一规制——基于跨国数据的实证研究, http://wenku.baidu.com/view/edc4addca58da0116c1749f4.html.

129. 唐建英. 视听媒体服务指令与欧盟新媒体内容规制初探, http://www.docin.com/p-180510389.html.

附录一:国外视听新媒体规制机构情况

国外一些比较发达国家的视听新媒体发展迅速,政府规制机构模式设置也相对较为成熟和完善。主要分为以下几种。

一、美国:联邦通信委员会独立规制,国会和联邦最高法院辅助

总的来说,美国关于视听新媒体的规章制度基本健全,法律环境较为完善,规制机构主要由三部分构成:独立规制机构联邦通信委员会是主要负责具体的视听新媒体规制机构;国会和联邦最高法院分别负责制定法律和行使裁判权,从法律上对视听新媒体进行规范和引导。

1. 联邦通信委员会(FCC)

美国联邦委员会是一个独立的美国政府机构,依据1934年《通信法》组建,主要对美国通信业、广播电视业和互联网进行统一监管。具体管辖范围涉及传统广播电视、有线电视、卫星电视以及绝大多数发展中的视像技术(如数字电视、多媒体网络传播等),另外还包括电话、电报等,但是不涉及不在电讯网络上运行的声像设施[①]。

美国联邦通信委员会委员共5人,其中1人为主席(总统指定),由总统提名,经参议院批准,任期5年,来自同一政党的人员不得超过3人。所有委员都不允许参与相关商业活动获取商业利益。联邦通信委员会的经费来自政府财政拨款,近几年的年度预算规模在2—3亿美元。美国联邦通信委员会直接对国会负责,主要是依法制定并实施规制与监管规则,向国会提交年度报告、发展与战略规划、年度预算、接受质询等。

---

① 郑涵,金冠军.当代西方传媒制度[M].上海:上海交通大学出版社,2008.

美国联邦通信委员会下设 7 个经营局和 10 个工作人员办公室。局的职责包括：处理应用程序的许可证和其他文件；分析投诉进行调查；监管方案的制定和实施；参加听证会。办公室提供支持服务。尽管局和办公室有各自职能，但他们共同分享专业知识，经常联合起来处理委员会的问题。主席负责局和办公室的协调工作。具体局和办公室的主要职责试译如下[1]：

七大局及主要职责：

消费者与政府事务局。教育和告知消费者有关电讯产品及服务，并参照他们的意见，以帮助指导委员会的工作。CGB 协调电信政策的力度与其他工业界的政府机构——联邦、部落、州和地方一致，服务于公众利益。

执行局。执行"通信法案"，以及该委员会的规则，命令和授权。

国际局。代表委员会处理卫星和国际事务

媒体局。负责规制 AM,FM 电台和电视台广播，以及有线电视和卫星电视服务。

无线通讯局。负责蜂窝和 PCS 电话，寻呼机和双向无线电通讯设备。这个局还规定使用无线电频谱，以满足通讯需求的企业、飞机和船舶运营商及个人

有线竞争局。负责制定相关的规则和政策，提供给洲际政府，并在某些情况下，通过有线传输设施（即有绳/无绳电话）向公众提供电信服务。

公共安全和国土安全局。解决市民的安全，国土安全，国家安全，应急管理和备灾，灾害管理，以及其他相关的问题。

十大办公室及主要职责：

行政法法官办公室。主持听证会，并发出初步决定。

通信业务机会办公室。关注特殊群体，如少数族裔和妇女，确保小型组织在通信业务方面的权利，就相关问题和政策向委员会提供建议。

---

[1] 资料来源：FCC 官方网站，http://transition.fcc.gov/aboutus.html.

工程和技术办公室。对非政府使用的频谱资源进行分配；就技术方面问题向委员会提供专业建议。

总法律顾问办公室。作为首席法律顾问委员会各分社和办事处。

监察长办公室。实施和监督委员会的运作，进行相关的审计和调查。

法制办。是委员会与国会的主要接触点。

董事经理办公室。首席营运官员，直接听命于主席，并监督主席的工作。

媒体关系办公室。通知新闻媒体 FCC 的决策，是委员会与媒体沟通的主要接触点。

战略规划与政策分析办公室。与主席、委员、局和办事处一起制定战略计划，确定政策目标的机构。

劳动就业多样化办公室。就确保职工构成多样化，公平的招聘和平等就业机会等问题向委员会提供建议。

从以上可以看出，联邦通信委员会是一个架构完备的政府机构，对所有媒体包括视听新媒体进行独立规制。依托于互联网兴起的视听新媒体给传统规制带来了很多挑战，联邦通信委员会一致致力于对其进行合乎情理、有利于其发展的管理和约束，但也经常在鼓励发展和管理约束的矛盾中举棋不定。

2. 国会

国会履行包括联邦通信委员会成员等事项的各类审批权，评估工作绩效，决定重大改革及相关立法等工作。联邦通信委员会下属的立法事务办公室负责与美国国会的联络，为其提供熟知 FCC 规定的立法人员。立法事务办公室同时也为国会听证提供 FCC 的证词，对立法草案有关 FCC 负责的条例进行答复以及国会问讯。[1]

虽然联邦通信委员会属于独立机构，但因其经费来源于政府财政拨款，而财政拨款由国会决定，因此，国会对联邦通信委员会起着重要的作

---

[1] 资料来源：http://zh.wikipedia.org/wiki/FCC.

用。

从历史来看,国会对联邦通信委员会的影响力越来越大。1943年,"全国广播公司与哥伦比亚广播公司诉合众国案"的审判奠定了其合宪性。1983年国会取消了其合法权利之永久性,代之以每两年重新授权一次,国会的支配地位由此得到进一步的加强。20世纪80年代,国会所起作用愈来愈大,进入90年代趋势依旧,突出的标记如美国《1996年电信法》等。[①] 1996年美国对《联邦电信法》进行了修改,美国放宽了广播电视、有线电视和电信的交叉媒体所有权限制,规定有线电视无须申请特许就可以运营电话业务,鼓励电信和互联网业进入传统媒介市场。新法案打破了媒体间的壁垒,允许各个不同媒体在市场上互相渗透[②]。21世纪,国会所起作用仍然越来越大。

就国会立法工作而言,1934年美国就通过了《联邦通讯法》,该法规主要涉及州际和国际之间的广播、电视、卫星、有线电视和电话等通讯服务,美国比中国的发展脚步要快,早在20世纪70年代,美国广播电视业和电信业便出现了融合的端倪,美国国会顺势而变,对媒介产业政策适时进行了调整,逐步放松行业之间的限制。其放松规制的政策涉及许多方面,但最重要的就是"所有权规制的变化"。

3. 联邦最高法院

联邦最高法院主要通过一系列的判决,不断调整着涉及媒体规制案件的执法方向以及和联邦通信委员会的关系。

美国联邦最高法院在20世纪40年代确立了美国联邦通信委员会的合宪地位。此后联邦最高法院与联通通信委员会的关系都是从自身立场出发,有时支持、有时反对。以下是一些典型案例:

在广播电视领域,美国联邦最高法院鉴于广播电视使用与获取概率不同于平面传媒的特点,还规定行政规制与监管应当遵循适度保障公众

---

① 郑涵,金冠军.当代西方传媒制度[M].上海:上海交通大学出版社,2008.
② 高子华.美国广播电视的运营与规制——对美国广播电视产业生态环境的实地考察与分析[J].新闻实践,2005(1).

使用与获取广播电视的宪法原则。据此,美国联邦通信委员会在20世纪40、50年代绝对坚持"公平原则"(广播电视业主应当在技术层面合理保证有关公共事务的讨论;在内容层面给予公平报道,提供不同的观点)。至80年代,美国联邦通信委员会发现,由于多元视角与观点的新闻容易产生争议,广播电视业主如果必须遵循"公平原则",很可能回避公共事务讨论中的矛盾,由此对社会造成不利影响,因此1985年至1987年最终废弃了这一原则。

Fox转播2002年及2003年的两次音乐颁奖晚会出现了不雅词汇。2004年,FCC对此做出处罚。Fox以处罚违宪为由起诉FCC,2007年,联邦第二巡回法庭判定Fox胜诉。FCC不服,在美国司法部的帮助下,继续上诉联邦最高法院。2012年1月10日,最高法院重新开始了对此案的审理。ABC也由于《纽约重案组》一剧中的短暂露臀镜头而被追加进此案。法官们一致裁定,因其"反低俗"政策"模糊不清",FCC需撤销对Fox和美国广播公司(以下简称ABC)播出脱口而出的脏话和稍纵即逝的露臀镜头的处罚[①]。

美国联邦通信委员会坚持不对节目安排进行事前干预,认为此事应该由市场调节,一直拒绝公众与某些社会团体的此类要求,美国联邦最高法院支持这一立场。在1978年FCC诉太平洋基金(有限)公司案的判决中,美国联邦最高法院重申了美国联邦通信委员会依法控制内容的合宪性以及法律限度:"禁止审查制度的规定和对在广播电视中淫秽、猥亵语言进行惩罚的规定都来源于1927年《无线电法》中的一个单独法条》。"[②]

以上是美国视听新媒体政府规制机构的主要构成,此外,影响美国联邦通信委员会的因素很多,重要的还有白宫、产业界游说团体、美国联邦通信委员会内部政治构成及规制见解等。2007年12月18日,联邦通信委员会投票表决,允许占据全国媒介市场前20位的广播电视公司也可以

---

① 施王照. 美国政府与媒体"对簿公堂",说脏话违法?[N].法治周末,http://www.legal-weekly.cn/index.php/Index/article/id/150.
② 郑涵,金冠军.当代西方传媒制度[M].上海:上海交通大学出版社,2008.

拥有一家报纸。主席凯文·马丁得到了他的两名共和党人同事对该项提案的支持,而该委员会的两名民主党人则投了反对票。尽管如此,马丁还是推动通过了投票表决,因为他得到了白宫的支持①。此外,一些广电业者或任何公众,均可对FCC的执法行为提出反对和挑战。挑战必须经过以下三个步骤:第一,投诉者可要求举行有FCC一位行政裁判参加的听证会;第二,对该行政裁判所做的决定可上诉到FCC的审核部;第三,如果不服,可再上诉到FCC一位委员,以寻求最后仲裁。如果上述程序都未能圆满解决问题,投诉人可以向联邦巡回上诉法院起诉FCC,必要时可上诉到联邦最高法院。以下是一个典型例子②。

1997年5月23日,哥伦比亚巡回上诉法院就曾对两家广播公司起诉FCC一案做出判决。1984年,6家广播公司向FCC申请在加利福尼亚州的圣巴巴拉市创办电视台。但在漫长的12年中,FCC只批准了3家公司,另3家没被批准的公司向FCC有关部门投诉,该部门举行了一次有行政裁判参加的听证会,会上侧重调查3家公司的资金状况和是否符合公众利益等资质。听证会后,行政裁判拒绝3家公司的申请。但审核部推翻了行政裁判的决定,要求重新举行听证会。第二次听证会后,同意其中一家公司申请,拒绝另外两家,理由是不符合财务资质要求。两家公司向FCC有关委员申诉,遭到拒绝,于是告上法院。法院审理后,认为两家公司未能提供足够的财务证明,同时也未能提供足够的证据证明FCC的决定草率和不负责任,最后判决FCC胜诉。

二、英国:政府控制与通信办公室、BBC理事会独立规制并存

英国是典型的商业与公共电子传媒并存的国家,在政府规制方面,也对二者分开进行。一方面,政府通过对独立规制机构——通信办公室的控制,来影响对商业广播电视和通信产业的规制政策;另一方面,通过《皇

---

① 凯文·马丁. 美国联邦通信委员会放松媒体交叉所有权规制[J]. 域外报业, http://wenku. baidu. com/view/63352a878762caaedd33d4ba. html.
② 辜晓进. 美国传媒体制[M]. 广州:南方日报出版社,2006.

家特许证书》的颁发和修订对公共广电媒体 BBC 进行控制。

英国通信办公室(OFCOM)是依据 2003 年通讯法的规定而设立的广播电视和电信业监管机构。根据 2003 年通信法定规定,英国将原来管理商业广播电视和电信业务的独立电视委员会、广播标准委员会、电信管理局、广播局、无线电管理局 5 个监管机构合并,组建了英国通信办公室。其性质是属于独立于政府的公法人,对通信业和广播电视业进行统一监管。英国通信办公室下设内容管理部、消费者处、全国咨询委员会、老弱病残问题咨询委员会、管理评估委员会等。主要职责是:确保频谱资源得到最佳利用;确保在全国范围都能获得包括高速数据服务在内的电子通信服务;确保广播电视服务丰富多彩,具有高质量和吸引力;保持广播节目内容的多样化;保护受众免遭不良内容的危害;保护用户的隐私不受侵犯,保护用户免受不公平待遇。①

通信办公室原则上属于独立规制机构,但在实际运行中,英国政府下设的文化媒介体育部是监管文化事业的行政管理部门,它对通信办公室具有一定的影响力和控制作用。通信办公室每年的预算须经议会批准,其经费主要来自信息和通信业缴纳的执照费和手续费。通信办公室对议会负责,其主席和委员由文化媒介体育大臣和贸易工业大臣共同任命,在广播电视业务和电信业务上分别接受这两个大臣的领导,但日常监管业务无需向政府部门汇报,可以在法律授权范围内独立行使监管权和准立法权、准司法权。监管决策的制定实行合议制。②

英国广播公司(BBC)最高管理机构是 BBC 理事会,负责制定节目标准、控制财政计划、进行重大决策、确保节目传播的平衡性与多样化,选定 BBC 总裁,总裁在理事会的政策指导与监管之下进行独立经营管理活动。理事会成员由政府任命,每人任期 4 年,公司日常工作则由理事会任

---

① 梁平. 中外广播电视监管机构简析[J]. 现代电视技术,2007.
② 张志. 数字时代的广播电视规制与媒介政策[M]. 北京:中央民族大学出版社,2012.

命的总裁负责①。其宪章和执照定期由政府更换,基本是每十年换一次,成为英国政府约束 BBC 的一个工具。国会、内阁、BBC 三者的磋商与共识是决定 BBC 理事会成员的最终基础,从历史与现实来看,无论何方至少原则上赞同应当以专业观点,而不是党派的观点或外部政治压力来选择理事会成员。作为普通法系国家,英国法院对 BBC 影响甚深。

在具体规制过程中,涉及 BBC 的职能,通信办公室须遵照英国广播公司的皇家特许状和执照协议或者文化媒介体育大臣的授权。

三、韩国:政府主导下的广播通信委员会独立规制

韩国政府对广播电视的管理经过了系列改革,主要分为三个时期。

1. 政府行政领导时期:韩国广播委员会

韩国广播电视最早处于单纯强调政府宣导作用的民营广播时期,广播电视业主要行使传达政策、动员国民的职能。20 世纪 60 年代后,随着美国商业电视广播的引入,韩国媒体开始商业化。1976 年,韩国政府公报处(现在的文化观光部)曾提出"遵守行政协助"、强化宣传作用的要求。为了对政府要求做出回应,各电视台在黄金时间大量播放宣传片和关于国家政策的节目,但低收视率迫使电视台改变迎合商业需要。宣导价值和商业价值矛盾加剧,导致"制度性重构",政府主导确立公营的广播电视制度,使得广播电视成为完全从属于权利、强调单纯的宣导功能的垄断型媒体②。1980 年,成立韩国广播委员会,隶属政府公报处,接受其行政领导,具有政府机构性质,并不是真正的独立的公共机构。

2. 独立于政府时期:改组后的韩国广播委员会

1997 年金大中政府推行"民主主义和市场经济"政策,在广播电视领域放松规制。2000 年 12 月,韩国各政治派别最终达成妥协,修订了新的

---

① 资料来源:维基百科"英国广播公司",E5％B9％BF％E6％92％AD％E5％85％AC％E5％8F％B8.
② 郎劲松.韩国传媒体制创新[M].广州:南方日报出版社,2006.

《广播电视法》，将所有电子传播大众媒介、有线电视和卫星电视都囊括其中，因而成为电子大众传播的全面法规。在此基础上改组的韩国广播委员会接管了过去分散在韩国文化观光部、信息通信部、联合有线服务委员会及原广播电视委员会的大部分职权[①]。

经过重组后，韩国广播委员会从政府文化观光部独立出来，成为民间性质的公共机构，与2000年3月正式开始独立处理广播电视事物。主要负责广播电视政策的制定、广播电视节目和广告运营、广播电视有关事项的核准、许可、登记和吊销、节目内容审查、公共广播机构的人事管理、基金管理、受众投诉等事项。

3. 独立的融合规制机构时期：韩国广播通信委员会

进入21世纪后，新媒体技术不断发展，出现了很多新的视听新媒体形态，如IPTV等，使得原本广电、电信各自独立规制的产业出现了融合。就政府规制问题，也产生了很多冲突和矛盾。下面是一典型案例：

2004年和2005年，韩国广播和电信就IPTV的司法权之争日益高涨。韩国广播委员会方面称："制订网络电视试运营的方案将有助于研究发展适于此项新业务的管理框架。在政府各个部门之间，作为广播的国家监管机构，韩国广播委员会有责任把这个互联网广播建设成有竞争力的产业，并且根据公众的利益来监管其商业活动。在这个事情上，我们与信息通信部的意见不合，但是我们将不会改变自己的基本立场。"信息通信部阻止了广播委员会的决定，称网络电视业务应该被看作是电信业的延伸。信息通信部的部长陈大济（Chin Dae-je）最近宣布了网络电视的一个新名称ICOD（互联网内容点播），试图强调证明网络电视是电信业的延伸。通信部的一位官员表示："为下一代多媒体业务搭建框架不是广播委员会所能做到的。考虑到通过目前的互联网系统提供实时的、全国性的新闻视频内容在技术上还无法实现，因此现在还不能说互联网上的视

---

① 郎劲松.韩国传媒体制创新[M].广州：南方日报出版社，2006.

频内容就是广播。[1]"

为了缓和这种冲突,韩国政府又开始对通信业及广播电视行业的规制进行重大调整。2008年2月29日,新的大规制机构——韩国广播通信委员会正式成立,而原有的信息通信部和广播委员会则宣告解散。此次规制机构改革的目的在于,改变韩国融合服务发展相对滞后的现状,并借此繁荣新兴的媒体产业。主要任务[2]是:广播、通信、频谱研究以及管理等等的关联政策(包含技术政策)的确立、审议与议决;广播业者、电信业者的认可、许可、登记、取消;广播节目的流通上的公平秩序确立;广播通讯业者与业者间,以及与使用者间的纷争调停;根据广播通讯业者的禁止行为之措置与赋金征收;广播通讯相关的研究与支援;阅听人的不满处理,以及广播、资讯通讯使用者的保护;广播通讯相关基金助成与管理、国际协力、朝鲜半岛南北交流;委员会预算汇编与执行;所管法令与委员会规则的制定、改正、废止;电信设备的提供、共同利用或相关资讯提供协定的认可;广播通讯服务的普及化、高度化等等。

韩国广播通信委员会由总统直接领导,由1名常任委员长(相当于中国的部长级别)和4名常任委员构成,拥有很高的行政权限。该机构总人数为1408名,其中总部479名。总部的人员由前信息通信部的310人、前广播委员会的164人以及新选的5名常务委员组成。主要组织框架图[3],试译如下。

其主要部门主要职责如下:

企划调整室。法令、法规的审查;国际合作、合约的签订;组织及人员管理。

放送通信融合政策室。制定和许可IPTV等放送、通信融合服务政

---

[1] 资料来源:IPTV:韩国广播与电信之争,http://www.yesky.com/116/1946116.shtml。
[2] 维基百科:韩国放送通信委员会 http://zh.wikipedia.org/wiki/%E9%9F%93%E5%9C%8B%E5%BB%A3%E6%92%AD%E9%80%9A%E4%BF%A1%E5%A7%94%E5%93%A1%E6%9C%83。
[3] 资料来源:翻译自韩国广播通信委员会网站,http://eng.kcc.go.kr/user.do?page=E01030000&dc=E01030000。

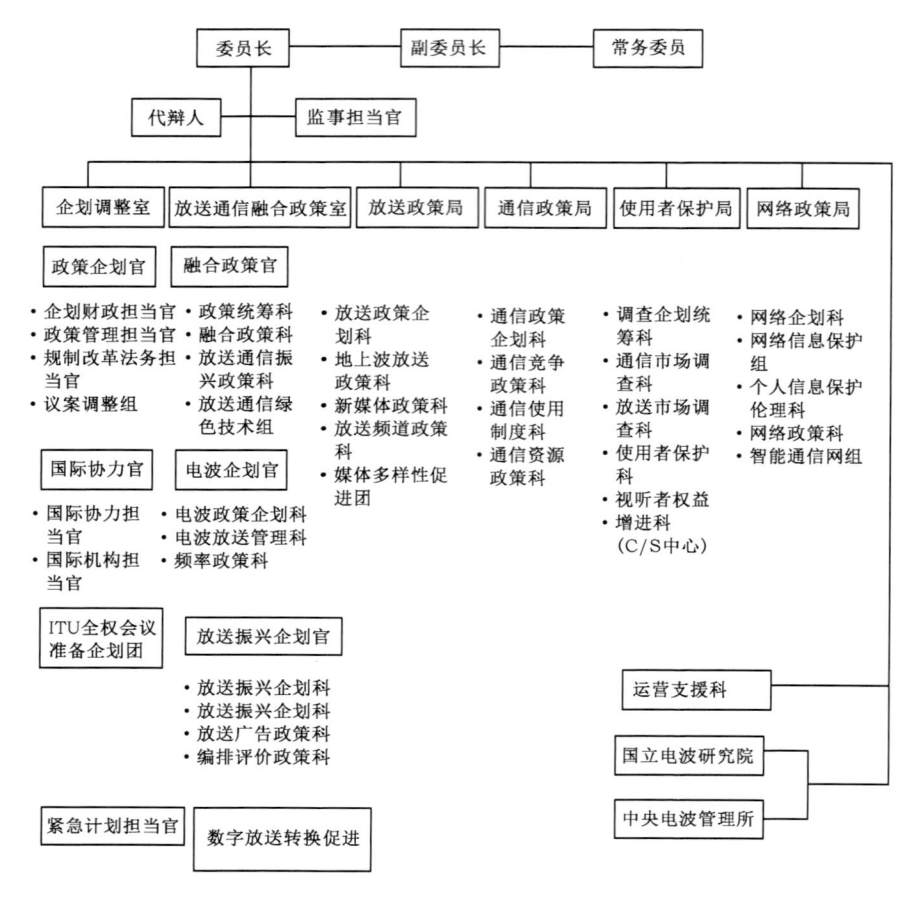

```
                        委员长 ─────── 副委员长 ─────── 常务委员
                          │
              代辩人 ──── 监事担当官
                  │
    ┌─────────┬──────────────┬─────────┬─────────┬──────────┬─────────┐
 企划调整室  放送通信融合政策室  放送政策局  通信政策局  使用者保护局  网络政策局

 政策企划官    融合政策官
• 企划财政担当官  • 政策统筹科   • 放送政策企   • 通信政策   • 调查企划统   • 网络企划科
• 政策管理担当官  • 融合政策科     划科         企划科       筹科         • 网络信息保护
• 规制改革法务担  • 放送通信振   • 地上波放送   • 通信竞争   • 通信市场调     组
  当官             兴政策科       政策科         政策科       查科         • 个人信息保护
• 议案调整组    • 放送通信绿   • 新媒体政策科 • 通信使用   • 放送市场调     伦理科
                  色技术科     • 放送频道政策   制度科       查科         • 网络政策科
                               科           • 通信资源   • 使用者保护   • 智能通信网组
 国际协力官    电波企划官   • 媒体多样性促   政策科         科
• 国际协力担    • 电波政策企划   进团                     • 视听者权益
  当官             科                                       • 增进科
• 国际机构担    • 电波放送管理科                             (C/S中心)
  当官         • 频率政策科

 ITU全权会议    放送振兴企划官
 准备企划团
                • 放送振兴企划科                          运营支援科
                • 放送振兴企划科
                • 放送广告政策科                          国立电波研究院
                • 编排评价政策科
                                                         中央电波管理所
 紧急计划担当官  数字放送转换促进
```

（注：在韩语里，电波是广播，放送是电视。地上波是用地面波传输的电视，如KBS，MBC）

策。

放送政策局。地面波广播服务许可，TV收视费，管理媒体经营和广播所有权。

通信政策局。有无线通信政策，移动通信终端政策规定，通信保护和隐私政策规定

用户网络局。监管和调查广播、通信运营商的公平竞争，受理用户的投诉。随着新媒体的不断发展，韩国广播通信委员会将其分拆为使用者

保护局和网络政策局。加大了对用户的保护力度

从其组织架构看,韩国广播通信委员会充分体现了融合性监管机构的特点。韩国广播通信委员会的首要任务是对当前发展态势高涨的一系列宽带网络服务做出明确的规制规定,包括 IPTV、直播电视、和视频点播等业务。此外,如何放松当前过于复杂的规制规定也是该机构近期内的一大工作重点,此前有批评人士称,一些过于严苛的政策阻碍了韩国电信业的发展。此前,由于广电界和信息通信界之间的矛盾而一直没有进展的 IPTV、DMB(移动数字电视)和数字电视等电视广播与信息通信相结合的整合产业,将迎来新的发展契机[①]。

在其成立后,韩国广播通信委员会依据国会通过的《IPTV 法案》,加快出台推动 IPTV 的发展政策。承诺在放松规制和促进竞争的原则下,确保符合法定条件的企业完成商业登记,及时开展全业务服务。同时,放松对于大型企业对节目制作与内容提供企业的交叉所有权的上限限制,进一步支持大型企业开展 IPTV 服务,并运行外商提供 IPTV 内容服务[②]。韩国广播通信委员会冲破利益阻挠,最终为视听新媒体的发展提供了良好的政策保障。

四、日本:大部制下的政府直接规制

日本由政府机构依法对通信业和广播电视业进行统一监管,政府在媒体规制过程中扮演重要角色。2001 年 1 月 6 日,中央政府机关进行改革,将原有的 1 府 22 省改编为 1 府 12 省厅,将邮政省与总务厅、自治省合并而成总务省[③],成为通信与广电的统一监管机构。

总务省掌管与行政组织、公务员制度、地方行政及财政、选举制度、消防防灾、资讯传递、邮政事业及统计等国家的基本结构有关的制度,以及

---

① 资料来源:http://baike.baidu.com/view/1499552.htm.
② 王融. 监管体制改革呈现三种模式我国应兼收并蓄推进三网融合[J]. 世界电信,2011(7). 参见:http://www.doc88.com/p-738459993074.html.
③ 省是日本的行政机构,和我国的国务院各"部"相近;"总务省"相对于我们的国务院办公厅.

支持国民经济及社会活动等的基本系统。该省担当着广泛关系到国民生活基础的行政机构角色。总务省设置秘书处和 10 个局,以及公平贸易委员会、环境争议协调委员会、邮政服务处和防火处 4 个办事处。

其中,下属的资讯流通行政局和综合通信基础局两个局,承担通信与广电管理职能。信息通信政策局下设总务课(资讯流通振兴课、情报通讯作品振兴课、情报通讯利用促进课、地域通讯振兴课、广播政策课、广播技术课、地上广播课、卫星广播课、地域广播课)和邮政行政部(筹划课、邮政课、储蓄保险课、邮政航班事业课),主要负责制定广播和通信发展的政策,是日本 TCT 产业政策的制定者;综合通信基础局前身即原邮政省电子通讯局。该局以总务课为首,下设电子通讯事业部(事业政策课、服用服务课、数据通讯课、电子通讯技术系统课、高度通信网振兴课、消费者行政课)及电波部(电波政策课、基干通讯课、移动通讯课、卫星移动通讯课、电波环境课),主要负责对广播和通信设施及业务的管理工作。

为了增强政府监管的科学性和有效性,日本依法在总务省内设立了电波监理审议会和电子通讯事业纷争处理委员会两个专业咨询机构,主要承担与通信和广播电视有关的调查、审议、劝告、建议等事务,对政府监管机构的政策制定发挥着辅助、监督作用①。

随着通信技术的发展,广播电视数字化现象、广电和通信的互融现象为传统规制带来了挑战,总务省多次调整广播电视政策。具体流程是,总务省主办恳谈会和研究会,展开广泛的研究和讨论,并最终以报告的形式提供政策建议。政府依据建议对《广播电视法》《电波法》《有线电视法》等一批专门法进行修改,借以调整规制政策。如 2001 年 11 月到 2003 年 4 月、2000 年 5 月到 2003 年 2 月召集制造业、广播电视业、市民团体和学者等各界代表,分别召开了"关于宽带网时代的广播电视恳谈会"和"广播电视政策研究会",从数字化时代的广播电视走向和产业发展两个方面进行了集中的探讨。总务省依据报告对法律做了修改,积极推动无线电视

---

① 张志. 数字时代的广播电视规制与媒介政策[M]. 北京:中央民族大学出版社,2012.

数字化,并对卫星电视等新兴媒体形态采取了放送规制政策,从产业政策的角度进行促进。

五、法国:政府规制与广电、电信分业独立规制并举

法国在通信业与广播电视业统一立法框架下,对通信业和广播电视业实行政府规制与分开独立监管并举的体制。

电子通信与邮政规制局(ARCEP)是监管通信业的独立规制机构,经济、财政、产业部是监管通信业的政府部门。电信规制局道监管对象涵盖整个电子通信领域的网络和服务。

视听最高委员会(CSA)和文化部分别是监管广电媒体(包括有线电视和卫星电视)和行业的独立规制机构和政府规制机构。视听最高委员会负责对广播电视领域的网络和内容进行监管,受总统和议会控制。法国最高视听委员会按照法国宪法委员会的结构形态组织而成,其常任成员9人,总统、参议院主席、国民议会主席各任命3位成员,主席则由总统提名,每两年更替1/3成员,每个成员任期6年,一般不能中途撤换。为使视听最高委员会在政治上保持独立性,法律禁止任期内的各位委员在其他机构兼职。法国最高视听委员会下设9个机构,即执照与经济分析处、研究处、行政与财务处、节目处、技术处、广播处、法律事务处、出版与文件处、对外关系处[①]。视听最高委员会的经费来自国家财政预算,其权限包括广播电视媒体的许可审批权、频率分配、人事提名、经费管理、政策提案、市场监督、内容规制权和制裁权等。它统一管理包括公营、私营,全国和地方电视节目市场。单就监管职能而言,其职能包括:分配技术传送系统和确认技术标准;制订节目制作和播出规则;限定广告时间;确保新闻内容的准确性和多元性;发放或吊销广播电视执照;规范市场和投资等;与相关机构的协调;执行纪律。视听最高委员会由政府编列预算作为经费来源,但却是完全独立的。

---

① 郑涵,金冠军.当代西方传媒制度[M].上海:上海交通大学出版社,2008.

电信与广电的监管机构的关系可以概括为:第一,从监管职能上讲,电子通信与邮政规制局ARCEP没有对广播电视行业的监管职能。但在电子通信运营商之间出现网络分歧时,不管这个网络是受规制与否,AR-CEP有权进行调解监管。第二,最高视听委员会CSA是广播电视行业的行政监管主体,除监管广播电视外,尤其监管视听业务的内容。第三,电信监管机构ARCEP在市场竞争监管中,有权对广播电视批发市场进行市场影响力评估,并配合CSA,监管(网络)容量、管道以及频率资源。电信监管机构对广播电视的市场监管有所介入,这是当前法国广播电视市场监管方面的一种微妙变化。应该说,这种变化是技术发展的结果。技术发展使电信与广电起码在网络概念上趋于一致,同属电子通信网,电信和广电市场界限淡化,多了几分融合色彩[①]。

随着技术的发展,以数字电视和网络电视为代表的视听新媒体业务也迸发出了新的市场空间。在法国,与视听新媒体相关的基本法律是《邮电法》、《电信规制法》、《视听通信法》和《通信自由法》,这些法律为视听新媒体发展提供了保障。2006年初,根据主管文化和通信的部长建议,相关部门草拟了一部《关于视听广播和未来电视现代化法律草案》,使得市场壁垒较低,障碍较少,视听新媒体发展比较平稳。

六、德国:广电、电信分业独立规制

针对电信和广播两个领域,在德国各自存在独立的法律规定,并据此建立了各自独立的规制制度。

对电信领域的规制,是全国统一的,由网络规制局(REGTP)负责。早在1989年德国成立了隶属联邦邮电部的电信规制局BAPT行使电信规制职能。1996年《电信法》的颁布,使得规制机构进一步独立,成立了隶属联邦贸易部的、独立的电信规制机构,现在网络规制局。具有独立的财权和人事权,不需要向政府相关部门负责。

[①] 法国的三网融合之道,http://www.cnii.com.cn/20060808/ca380754.htm.

根据《电信法》的规定，电信规制的关键是网络基础设施的规制，也就是"传输"的规制，而不考虑传输的内容。对于内容的规制则由各州媒体规制局来具体负责。视听新媒体发展，出现了很多融合媒体形态，对电信市场监管提出了挑战。同时，垄断也成为监管的重点。《电信法》规定，在市场界定和市场支配问题上，联邦网络规制局必须与联邦卡特尔局达成一致（在其他情况下，联邦卡特尔局只有提出建议权利）。如果没有达成协议，联邦网络规制局的决定将不能生效[①]。

对广播电视领域的规制，德国在联邦层面上没有统一的全国性广播电视监管机构，主要靠《基本法》和《统一德国广播电视州际协议》进行约束，在此基础上对公共广播电视和商业广播电视分开规制。

公共广播电视，德国参照英国模式，主要以"内部控制"为主，每个公共广播电视机构都设有三个负责管理和监督的职能部门，即：董事长，广播电视理事会和行政理事会。州政府只保留在管理不善或违背法律等极端情况下对广播电视机构行使最后的权力。

商业广播电视，依法分别设立各州的独立规制机构，则主要为"外部控制"。德国16个州共建立了15个州广播电视监管机构，其中柏林和勃兰登堡共用一个监管机构。州广播电视监管机构内一般都设有两个职能部门，即：主席或行政长官以及大会。大会规模从11人到50人不等，重要任务之一是任命州广播电视监管机构的主席或行政长官。主席或行政长官是州广播电视监管机构的法定代表人，负责任命机构的其他人员以及日常运营活动，任期在四到八年之间。主席或行政长官往往此前曾担任过政府的公务员，因此与州政府高层有非常密切的关系。同时，大会由重要的社会团体或组织的代表构成，这与公共广播电视媒体的理事会很相似。州广播电视监管机构的财政支出主要依赖于广播电视执照费收入，约占执照费收入的2%。各州每年可获得的基本拨款额为51.129万欧元，在此基础上，根据每个州颁发的执照数量再进行拨款。商业广播电

---

① 如何协调电信行业规制与反垄断规制？http://www.cnii.com.cn/20071008/ca436402.htm.

视监管体制也继承了公共广播电视的某些传统,如自主性和不受政府直接干预①。

尽管针对电信和广播两个领域,在德国各自存在独立的法律规定,并据此建立了各自独立的规制制度。两个规制体系之间也存在重叠区域,即频率管理。关于广播系统的频率分配方案,需要取得联邦参议院的批准。联邦参议院由各联邦州的代表组成,其参与广播频率分配的审批是联邦主义精神在广播管理领域的体现。可见,虽然德国政府没有像法国政府一样直接参与媒体规制,但是在媒体规制过程中也发挥着重要作用。

---

① 顾芳. 德国广播电视监管和法律制度研究. 参见:http://qkzz.net/article/af6988c7-d9ee-42f5-b762-4688195f9a12_3.htm.

附录二：国务院与视听新媒体相关政策

时间	类型	政策名称	主要的相关内容
2013.1	国务院令	国务院关于修改《信息网络传播权保护条例》的决定	将第十八条、第十九条中的"并可处以10万元以下的罚款"修改为："非法经营额5万元以上的，可处非法经营额1倍以上5倍以下的罚款；没有非法经营额或者非法经营额5万元以下的，根据情节轻重，可处25万元以下的罚款"
2013.1	国务院令	国务院关于修改《中华人民共和国著作权法实施条例》的决定	将第三十六条修改为："有著作权法第四十八条所列侵权行为，同时损害社会公共利益，非法经营额5万元以上的，著作权行政管理部门可处非法经营额1倍以上5倍以下的罚款；没有非法经营额或者非法经营额5万元以下的，著作权行政管理部门根据情节轻重，可处25万元以下的罚款。"
2013.1	国务院令	国务院关于修改《计算机软件保护条例》的决定	将第二十四条第二款修改为："有前款第一项或者第二项行为的，可以并处每件100元或者货值金额1倍以上5倍以下的罚款；有前款第三项、第四项或者第五项行为的，可以并处20万元以下的罚款。"
2011.3	国务院令	国务院关于修改《音像制品管理条例》的决定	改动较多，最为重要的有两点：一是对规制机构进行调整，国务院出版行政主管部门权利增大，同时，国务院文化行政部门不再负责相关工作；二是扩大规制范围。电子出版物的出版、制作、复制、进口、批发、零售等活动适用本条例

续表

时间	类型	政策名称	主要的相关内容
2011.3	国务院令	国务院关于修改《出版管理条例》的决定	将"出版事业"修改为"出版产业和出版事业";增加:"通过互联网等信息网络从事出版物发行业务的单位或者个体工商户,应当依照本条例规定取得《出版物经营许可证》"。"提供网络交易平台服务的经营者应当对申请通过网络交易平台从事出版物发行业务的单位或者个体工商户的经营主体身份进行审查,验证其《出版物经营许可证》。"
2009.11		《广播电台电视台播放录音制品支付报酬暂行办法》	播放指"广播电台、电视台以无线或者有线的方式进行的首播、重播和转播。"列出了具体支付报酬的标准
2006.5		《信息网络传播权保护条例》	除法律、行政法规另有规定的外,任何组织或者个人将他人的作品、表演、录音录像制品通过信息网络向公众提供,应当取得权利人许可,并支付报酬。为了保护信息网络传播权,权利人可以采取技术措施
2000.9		《互联网信息服务管理办法》	国家对经营性互联网信息服务实行许可制度;对非经营性互联网信息服务实行备案制度。未取得许可或者未履行备案手续的,不得从事互联网信息服务
2012.7	国务院发文	《国务院关于印发"十二五"国家战略性新兴产业发展规划的通知》	重点发展产业:新一代信息技术产业。建立信息基础设施建设组织领导协调机制,制定支持宽带光纤、移动通信和数字电视建设相关政策,建立和完善电信普遍服务制度
2012.7		《国务院关于大力推进信息化发展和切实保障信息安全的若干意见》	实施"宽带中国"工程,构建下一代信息基础设施加快推进三网融合。总结试点经验,推动广电、电信业务双向进入壮大数字内容产业

续表

时间	类型	政策名称	主要的相关内容
2012.3	国务院发文	国务院关于落实《政府工作报告》重点工作部门分工的意见	提高文化产业规模化、集约化、专业化水平,推动文化产业成为国民经济支柱性产业。
2012.3		国务院批转发展改革委《关于2012年深化经济体制改革重点工作意见的通知》	继续推动经营性文化单位转企改制。研究出台鼓励促进文化产业发展的政策措施,开展文化产权交易市场建设试点,促进文化产品和要素合理流动。深化文化行政管理体制改革,推动政企分开、政事分开,理顺政府和文化企事业单位关系
2011.3		国务院关于落实《政府工作报告》重点工作部门分工的意见	发展新闻出版、广播影视.加强对互联网的利用和管理。深化文化体制改革,积极推进经营性文化单位转企改制。大力发展文化产业,培育新型文化业态,推动文化产业成为国民经济支柱性产业
2010.1		《国务院关于印发推进三网融合总体方案的通知》	明确了三网融合的概念和重要地位;提出了总体目标;明确了四大任务。重要的政策包括:广电、电信双向进入;IP电视、手机电视的集成播控业务由广电部门负责,宣传部门指导
2010.3		国务院关于落实《政府工作报告》重点工作部门分工的意见	第一次将"大力加强文化建设"作为一个重要部分来阐述。继续推进文化体制改革,发展文化产业,鼓励文化创新,培育骨干文化企业,生产更多健康向上的文化产品,满足人民群众多样化的文化需求
2010.6		《国务院办公厅关于印发三网融合试点方案的通知》	强调:广播电视播出机构负责IP电视、手机电视集成播控平台的建设和管理,负责节目的统一集成和播出监控,负责电子节目指南(EPG)、用户端、计费、版权等管理
2009.7		《国务院关于印发文化产业振兴规划的通知》	我国第一部文化产业专项规划。标志着文化产业已经上升为国家的战略性产业。国家将重点推进的文化产业包括:文化创意、影视制作、出版发行、印刷复制、广告、演艺娱乐、文化会展、数字内容和动漫等

续表

时间	类型	政策名称	主要的相关内容
2009.4	国务院发文	《电子信息产业调整和振兴规划》	推进视听产业数字化转型。支持彩电企业与芯片设计、显示模组企业的纵向整合,促进整机企业的强强联合,加大创新投入,提高国际竞争力。加快4C(计算机、通信、消费电子、内容)融合,促进数字家庭产品和新型消费电子产品大发展。推进体制机制创新,加快模拟电视向数字电视过渡,推动全国有线、地面、卫星互为补充的数字化广播电视网络建设,丰富数字节目资源,推动高清节目播出,促进数字电视普及,带动数字演播室设备、发射设备、卫星接收设备的升级换代,加快电影数字化进程,实现视听产业链的整体升级
2006.3		《国务院关于印发2006年工作要点的通知》	发展文化产业,完善文化产业政策,提高文化企业竞争力。进一步健全文化市场体系,促进新兴文化市场的发展。深入开展"扫黄打非"工作,加大版权保护工作力度。加快推进文化资源、文化服务和广播影视、新闻出版数字化进程,进一步提高全国文化信息资源共享工程和广播电视"村村通"水平
2005.12		国务院关于发布实施《促进产业结构调整暂行规定》的决定	优先发展信息产业,大力发展集成电路、软件等核心产业,重点培育数字化音视频、新一代移动通信、高性能计算机及网络设备等信息产业群,加强信息资源开发和共享,推进信息技术的普及和应用
2005.8		《国务院关于2005年深化经济体制改革的意见》	深化文化体制改革。大力发展文化产业,积极培育文化市场主体,规范文化市场秩序,健全文化市场体系。加快公共文化服务体系建设

附录三:视听新媒体内容规制相关规章制度

颁布时间	颁布部门	政策名称
1999 年	国务院办公厅	《关于加强广播电视有线网络建设管理的意见》
1999 年	广电总局	《关于加强通过信息网络向公众传播广播电影电视类节目管理的通告》
2000 年	广电总局	《信息网络传播广播电影电视类节目监督管理暂行办法》
2000 年	国务院	《互联网信息服务管理办法》(国务院令第 292 号)
2000 年	国新办	《互联网站从事登载新闻业务管理暂行规定》
2000 年	国务院	《中华人民共和国电信条例》
2001 年	广电总局	《关于加强网上传播广播电影电视类节目管理的实施细则(试行)》
2003 年	广电总局	《互联网等信息网络传播视听节目管理办法》(第 15 号令)(2004 年 10 月 11 日废止)
2003 年	文化部	《互联网文化管理暂行规定》
2004 年	广电总局	《互联网等信息网络传播视听节目管理办法》(第 39 号令)
2005 年	国新办,原信产部	《互联网新闻信息服务管理规定》
2006 年	国务院	《信息网络传播权保护条例》(国务院令第 468 号)
2006 年	国务院十六部委	《互联网站管理协调工作方案》
2007 年	广电总局	《互联网视听节目服务管理规定》(第 56 号令)
2007 年	广电总局	《关于加强互联网传播影视剧管理的通知》
2007 年	广电总局	《广电总局关于加强移动数字电视管理的通知》
2007 年	广电总局	《关于加强车载、楼宇等公共视听载体管理的通知》

续表

颁布时间	颁布部门	政策名称
2007年	国务院	《广播电视管理条例》
2009年	国新办、工信部、公安部、文化部、工商总局、广电总局、新闻出版总署七部委	2009年1月5日七部委召开电视电话会议,部署在中国大陆地区开展整治互联网低俗之风专项行动。
2009年	广电总局	《关于深入开展全国整治互联网低俗之风专项行动的通知》
2009年	广电总局	《关于加强互联网视听节目内容管理的通知》
2009年	广电总局	《关于加强互联网证券期货讯息、广告宣传等专业性视听节目服务管理的通知》
2009年	广电总局	《关于互联网视听节目服务许可证管理有关问题的通知》
2009年	工信部、国新办、教育部、公安部、国家安全部、文化部、卫生部、工商总局、广电总局、新闻出版总署、食品药品监督管理局、国家保密局十二部委	《关于建立境内违法互联网站黑名单管理制度的通知》
2009年	中央外宣办、全国"扫黄打非"办、工业和信息化部、公安部、新闻出版总署等九部委	从2009年12月到2010年5月底,在全国范围内联合开展深入整治互联网和手机媒体淫秽色情及低俗信息专项行动。
2010年	国务院常务会议	国务院总理温家宝主持召开国务院常务会议,决定加快推进电信网、广播电视网和互联网三网融合
2010年	广电总局	关于开办网络广播电视台有关问题的通知
2010年	广电总局	《互联网电视内容服务管理规范》
2010年	广电总局	《互联网电视集成业务管理规范》
2010年	广电总局	《互联网视听节目服务业务分类目录(试行)》规范性文件
2012年	国家广电总局、国家互联网信息办	《关于进一步加强网络剧、微电影等网络视听节目管理的通知》

2015限"真"令;2016限"模"令

国务院在2018年12月出台《进一步支持文化企业发展规定》

人工智能政策 http://www.199it.com/archives/795124.html

后　记

《视听新媒体政府规制研究》一书是在作者的博士论文基础上，进一步深入研究完成的，在此感谢为我博士论文提供指导的老师们，他们是中国传媒大学丁俊杰教授、赵子忠教授等，他们为我的博士论文提供了很多专业的修改意见。也感谢和我一起奋斗切磋过的博士班同学们，时间若白驹过隙，可是难忘整个读博期间我们在一起上课、研讨、挑灯夜战的美好时光。

本书作为校级课题的主要研究成果，在立项和写作过程中得到了华侨大学校级科研启动项目的大力支持，同时能够最终出版，离不开华侨大学新闻与传播学院领导和同事们的支持、帮助和鼓励，因为有了你们作为榜样，才有了我不断前进的动力，非常感谢毕业后能与你们在一起并肩工作、学习和生活。

特别感谢我的同事好友朱丹红、王祎，在本书的写作和出版过程中你们多次的鼓励和无私帮助，才有今天的完稿和最终出版，感谢编辑杨闯先生的大力支持！

最后隆重感谢我的家人，是你们让我心中有爱，为爱前行！

张　璠

2019 年 11 月于厦门